VAMOS SONHAR JUNTOS

O CAMINHO PARA UM FUTURO MELHOR

VAMOS SONHAR JUNTOS

O CAMINHO PARA UM FUTURO MELHOR

PAPA FRANCISCO

Em conversa com Austen Ivereigh

intrínseca

Copyright © 2020 by Austen Ivereigh
Copyright da tradução para o português © 2020 by Austen Ivereigh. Todos os direitos reservados.
As citações da Sagrada Escritura são da *Bíblia Sagrada*, Edição Pastoral, São Paulo: Èulogos/Paulus, 2002.
Um agradecimento especial a Alexis Valdés, por permitir a impressão do seu poema "Esperanza".
Copyright © 2020 por Alexis Valdés. Reimpresso com licença do autor.

Publicado mediante acordo com a Simon & Schuster, Inc.

TÍTULO ORIGINAL
Let us dream: The path to a better future

REVISÃO
Eduardo Carneiro
Thaís Entriel

PROJETO GRÁFICO
Lewelin Polanco

ADAPTAÇÃO DE PROJETO GRÁFICO E DIAGRAMAÇÃO
Ilustrarte Design e Produção Editorial

DESIGN DE CAPA
Jackie Seow

FOTO DE CAPA
Paul Haring/Catholic News Service

ADAPTAÇÃO DE CAPA
Antonio Rhoden

CIP-BRASIL. CATALOGAÇÃO NA PUBLICAÇÃO
SINDICATO NACIONAL DOS EDITORES DE LIVROS, RJ

F893v

    Francisco, Papa, 1936-
        Vamos sonhar juntos : o caminho para um futuro melhor / Papa Francisco ; tradução Austen Ivereigh. - 1. ed. - Rio de Janeiro : Intrínseca, 2020.
        160 p. ; 21 cm.

    Tradução de: Let us dream : the path to a better future
    ISBN 978-65-5560-125-1

    1. COVID-19 (Doença) - Aspectos religiosos - Cristianismo. 2. Epidemias - Aspectos religiosos - Cristianismo. 3. Vida espiritual. 4. Administração de crises. 5. Eventos estressantes que mudam a vida - Aspectos religiosos - Cristianismo. I. Ivereigh, Austen. II. Título.

20-66978
CDD: 248.4
CDU: 27-584

Meri Gleice Rodrigues de Souza - Bibliotecária - CRB-7/6439

[2020]
Todos os direitos desta edição reservados à
EDITORA INTRÍNSECA LTDA.
Rua Marquês de São Vicente, 99, 3º andar
22451-041 — Gávea
Rio de Janeiro — RJ
Tel./Fax: (21) 3206-7400
www.intrinseca.com.br

1ª edição DEZEMBRO DE 2020
impressão GEOGRÁFICA
papel de miolo PÓLEN BOLD 70G/M²
papel de capa CARTÃO SUPREMO ALTA ALVURA 250G/M
tipografia MINION PRO

Sumário

Prólogo
7

PARTE I
Tempo de ver
• • •
15

PARTE II
Tempo de escolher
• • •
57

PARTE III
Tempo de agir
• • •
105

Epílogo
145

Pós-escrito por Austen Ivereigh
151

Notas
157

Sobre os autores
160

Prólogo

Vejo este momento como a hora da verdade. Ele me faz lembrar do que Jesus disse a Pedro: Satanás quer "peneirar você como trigo" (Lc 22, 31). Entrar em crise implica ser peneirado. É um momento em que tanto os nossos parâmetros como as nossas formas de pensar são sacudidos e as nossas prioridades e os nossos estilos de vida são postos em questão. Cruzamos um limiar, seja por decisão própria, seja por necessidade, porque há crises, como a que estamos atravessando, que não podemos evitar.

A pergunta é se vamos sair desta crise e, nesse caso, de que maneira. A regra básica é que nunca se sai igual de uma crise. Caso se passe por ela, sai-se melhor ou pior; mas nunca igual.

Estamos vivendo um momento de provação. A Bíblia fala de atravessar o fogo para descrever tais provações, como o forno prova os vasos do oleiro (Eclo 27, 5). A vida nos põe à prova. É assim que crescemos.

Nas provações da vida, você acaba revelando o seu próprio coração: a sua solidez, a sua misericórdia, a sua grandeza ou a sua mesquinhez. Os tempos normais são como as situações sociais formais: a pessoa nunca mostra o que é de verdade. Sorri, diz o correto e sai da situação, sem mostrar quem é na realidade. Mas, quando passa por uma crise, acontece o oposto: você se coloca diante da necessidade de escolher. E, ao fazer sua opção, seu coração é revelado.

Pensemos naquilo que acontece na história. Quando o coração das pessoas é posto à prova, elas tomam consciência do que as estava prendendo. Também sentem a presença do Senhor, que é fiel e responde ao clamor do povo. O encontro que ocorre nos apresenta a possibilidade de um futuro novo.

Pense no que fomos observando durante esta crise da Covid-19. Todos esses mártires: homens e mulheres que dedicaram a vida ao serviço dos mais necessitados. Pense nos médicos, enfermeiros e outros profissionais de saúde, bem como os capelães e todas as pessoas que decidiram acompanhar outros na dor. Tomando as precauções necessárias, procuraram oferecer apoio e consolo a outros. Foram testemunhas de proximidade e ternura. Infelizmente, muitos morreram. Em honra do testemunho deles e do sofrimento de tantos, devemos construir o amanhã seguindo os caminhos que nos apontaram.

Contudo — e digo isso com dor e vergonha —, pensemos também nos usurários, nos credores que bateram na porta dos desesperados. Se estendem a mão, é para oferecer empréstimos impossíveis de pagar, que acabam por endividar para sempre aqueles que os aceitam. Especulam com o sofrimento alheio.

Em momentos de crise, é possível ver o bom e o mau: as pessoas mostram-se como são. Algumas dedicam tempo a servir aos necessitados, enquanto outras enriquecem à custa da necessidade dos demais. Alguns vão ao encontro dos outros — de formas novas e criativas, sem se afastarem do próprio lar —, ao passo que alguns se refugiam atrás de uma couraça protetora. O coração mostra-se como é.

Não são apenas indivíduos que estão em provação, mas povos inteiros. Pensemos nos governos que têm de tomar decisões no meio desta pandemia. O que é mais importante: cuidar das pessoas ou fazer com que a economia não pare? Cuidamos das pessoas ou as sacrificamos no altar da bolsa de valores? Interrompemos as engrenagens que geram riqueza, conscientes de que as pessoas sofrerão, embora assim salvemos vidas? Em alguns casos, os governos não foram capazes de compreender a magnitude desta doença ou não contaram com os recursos necessários. Esses governos hipotecaram o próprio povo. As decisões que tomaram puseram à prova suas prioridades e deixaram expostos seus valores.

Numa crise existe sempre o impulso de recuarmos. É claro que por vezes a retirada tática é uma maneira política lícita de atuar — como diz a Bíblia: "Volte para as suas tendas, Israel!" (1Reis 12, 16) —, mas há situações nas quais fazer isso não só não é lícito, como nem sequer é humano. Jesus enfatiza muito claramente na famosa parábola do Bom Samaritano. Quando o levita e o sacerdote se afastam do homem ferido e golpeado pelos ladrões, optam por uma retirada "funcional". Com isso quero dizer que tratam de preservar seu lugar — seu papel, seu *status quo* — quando diante de uma crise que os põe à prova.

Ao enfrentar uma crise, nossos funcionalismos são abalados e têm de ser revistos e corrigidos, para que ressurjamos da crise como pessoas melhores. Uma crise exige sempre que todo o nosso ser esteja presente; não é possível nos retirar e recuar para os nossos velhos papéis e estilos de vida. Pensemos no Samaritano: detém-se, aproxima-se, age, entra no mundo do homem ferido, coloca-se na situação, no sofrimento do outro, e assim cria um futuro novo.

Agir como o Samaritano, numa crise, implica permitir que eu seja tocado por aquilo que vejo, sabendo que o sofrimento vai me mudar. Nós, cristãos, dizemos que é *assumir e abraçar a Cruz*. Abraçar a Cruz, confiando que o que vem é vida nova, que nos dará coragem para que a gente pare de se lamentar e vá ao encontro dos outros para servir e, assim, suscitar a mudança possível, que só nascerá da compaixão e do serviço.

Alguns respondem ao sofrimento de uma crise encolhendo os ombros. Dizem: "Bom, o mundo é assim, foi assim que Deus o criou." Mas essa resposta é como interpretar de forma equivocada a criação de Deus como algo estático, quando na realidade se trata de um processo dinâmico. O mundo está sempre *em gestação*. Paulo, na sua Carta aos Romanos, diz que a Criação toda geme e sofre dores de parto (Rm 8, 22). Deus quer construir o mundo conosco, como seus colaboradores, a todo momento. Então nos convidou a nos reunirmos a Ele desde o princípio, em tempos de paz e em tempos de crise: desde sempre e para sempre. Não nos encontramos diante de algo fechado, empacotado: "Toma, aqui está o mundo."

A ordem de Deus a Adão e Eva, no Gênesis, é de que fossem fecundos. A humanidade recebeu a ordem de mudar, construir e dominar a Criação, no sentido positivo de criar a partir dela e com ela. Então, o futuro não depende de um mecanismo invisível do qual os humanos são espectadores passivos. Não, somos protagonistas, somos *cocriadores*. Quando o Senhor nos pede que sejamos fecundos, dominemos a terra, o que quer nos dizer é: sejam *cocriadores* do seu futuro.

Desta crise podemos sair melhores ou piores. Podemos retroceder ou criar algo novo. Neste momento, o que precisamos é da oportunidade de mudar, de criar espaço para surgir esse novo de que necessitamos. É como Deus diz a Isaías: "Venham e discutiremos. Se vocês estiverem dispostos a obedecer, comerão os frutos da terra, mas, se vocês recusam e se revoltam, serão devorados pela espada" (Is 1, 18-20).

Há tantas espadas ameaçando nos degolar!

A crise provocada pela pandemia da Covid-19 parece única, porque afeta a maior parte da humanidade. Mas eu diria que afeta *visivelmente*. Existem milhares de outras crises igualmente terríveis, mas, por serem tão distantes, é como se não existissem para alguns de nós. Pensemos, por exemplo, nas guerras em diversas partes do mundo, na produção e no tráfico de armas; nas centenas de milhares de refugiados que tentam escapar da pobreza, da fome e da falta de oportunidades; das mudanças climáticas. Essas tragédias podem nos parecer distantes, como parte das notícias diárias que infelizmente não são capazes de mobilizar nossas agendas e prioridades. Mas, assim como a crise provocada pela Covid-19, afetam toda a humanidade.

Ao descobrirmos qual é o orçamento de um país para o gasto com armas, ficamos gelados. Se depois compararmos esses números com as estatísticas da Unicef sobre as crianças sem acesso a educação, que dormem com fome, fica claro quem paga o preço dos gastos com armas. Nos primeiros quatro meses de 2020 *morreram 3,7 milhões de pessoas por causa da fome*. E quantos mais morreram em consequência da guerra? O gasto com armas destrói a humanidade. É um coronavírus gravíssimo, mas, como suas vítimas são invisíveis, não falamos a respeito.

Da mesma forma, para alguns a destruição da natureza parece distante. Pensávamos que não nos afetava, porque acontecia em outro lugar. Mas de repente somos capazes de ver, de compreender: um barco cruza o Polo Norte, e nos damos conta de que as inundações e os incêndios nas florestas, que pareciam tão remotos, são parte da mesma crise que afeta a todos nós.

Olhe como estamos agora: colocamos a máscara para nos proteger e aos outros de um vírus que não conseguimos ver.

Mas o que fazemos com os demais vírus que não vemos? Como podemos encarar as pandemias ocultas deste mundo, as pandemias da fome, da violência e da mudança climática?

Se queremos sair desta crise menos egoístas do que quando entramos, precisamos nos deixar tocar pela dor dos outros. Há uma frase no romance *Hyperion*, de Friedrich Hölderlin, que me diz muito. Afirma que a ameaça do perigo no meio de uma crise nunca é total, que há sempre uma saída para escapar à destruição: "Onde está o perigo, cresce também o que nos salva."[1] Esse é o dom na história humana: há sempre uma saída para escapar à destruição. A humanidade tem de agir precisamente aí, na própria ameaça: é aí que se abre a porta. Essa frase de Hölderlin me acompanhou em várias situações da vida.

Este é o momento para sonhar grande, para repensar nossas prioridades — o que valorizamos, o que queremos, o que buscamos —, nos comprometermos com as pequenas coisas e para transformar em realidade o que sonhamos. O que ouço neste momento é semelhante ao que Isaías ouviu Deus dizer: *Venham e discutiremos. Atrevamo-nos a sonhar.*

Deus pede que ousemos criar algo novo. Não podemos voltar à falsa segurança das estruturas políticas e econômicas de antes da crise. Precisamos de economias que permitam a todos o acesso aos frutos da Criação, às necessidades básicas da vida: terra, teto e trabalho. Precisamos de políticas que possam integrar e dialogar com os pobres, os excluídos, os vulneráveis, e que lhes deem voz nas decisões que afetam suas vidas. Devemos reduzir a velocidade, tomar consciência e desenhar maneiras melhores de conviver neste mundo.

É uma tarefa para todos, que convoca a todos; é um bom tempo para os inquietos de espírito, essa saudável inquietude que nos faz agir. Hoje, mais do que nunca, ficou exposta a falácia do individualismo enquanto princípio que rege a nossa sociedade. Qual será o nosso novo princípio?

Precisamos de um movimento popular que entenda que necessitamos uns dos outros, que entenda a responsabilidade que temos uns pelos outros e pelo mundo. Precisamos proclamar que ser compassivos, ter fé e trabalhar pelo bem comum são metas grandiosas da vida, que requerem coragem e vigor; ao passo que a vaidade, a superficialidade e a zombaria da ética não nos fizeram nenhum bem. A era moderna, que tanto desenvolveu e projetou a igualdade e a liberdade, agora precisa acrescentar, com o mesmo impulso e a mesma tenacidade, a fraternidade, para enfrentar os desafios que temos pela frente. A fraternidade dará à liberdade e à igualdade a justa sintonia.

Milhões de pessoas se perguntaram onde poderiam encontrar Deus nesta crise. O que me vem à mente é a imagem de um rio transbordando. Penso nos grandes rios que crescem e se alargam de maneira tão gradual que é quase imperceptível, até que chega o momento que transbordam e derramam suas águas. Na nossa sociedade, a misericórdia de Deus brota nesses momentos de transbordamento; derrama-se, quebrando barreiras tradicionais, que impediram que tantas pessoas tivessem acesso ao que merecem, sacudindo os nossos papéis e modos de pensar. O transbordamento encontra-se no sofrimento que expôs esta crise e na criatividade com que tantos procuram reagir a ela.

Vejo um transbordamento de misericórdia derramando-se ao nosso redor. Os corações foram postos à prova. A crise suscitou em alguns uma coragem e uma compaixão novas. Alguns foram sacudidos e responderam com o desejo de reimaginar nosso mundo; outros procuraram socorrer, com gestos bem concretos, as carências de tantos, capazes de transformar a dor do próximo.

Isso me faz acreditar que somos capazes de sair melhores desta crise. Mas precisamos ver claramente, escolher bem e agir.

Vamos falar sobre como fazer. Deixemos que as palavras de Deus a Isaías sejam ouvidas por nós: *Venham e discutiremos. Atrevamo-nos a sonhar.*

PARTE I

TEMPO DE VER

NESTE ÚLTIMO ANO DE MUDANÇA E CRISE, minha mente e meu coração transbordam de nomes. Pessoas em quem penso e por quem rezo, e com quem às vezes choro: pessoas com muitos nomes e rostos, pessoas que morreram sem dizer adeus àqueles que amavam, famílias em dificuldade porque não há trabalho e que inclusive passam fome.

Se pensamos globalmente, podemos até ficar paralisados: há tantos lugares de conflito aparentemente sem tréguas, há tanto sofrimento e tantas necessidades. Mas ajuda muito quando me concentro nas situações concretas, ver rostos ansiosos de vida e amor. Ver a esperança estampada na história de cada nação, que é gloriosa porque é uma história feita de sacrifícios, de luta cotidiana, de vida, de dedicação e entrega, e isso, mais do que impressionar, convida a ponderar e a dar uma resposta de esperança.

Devemos ir às periferias das cidades, se queremos ver o mundo como ele é. Sempre acreditei que o mundo se vê com mais clareza nas periferias, mas, nestes últimos sete anos como Papa, acabei por comprovar minha teoria. Devemos ir às periferias para encontrar um futuro novo. Quando Deus quis regenerar a Criação, quis ir à periferia: aos lugares de pecado e miséria, de exclusão e sofrimento, de doença e solidão, porque também eram lugares cheios de possibilidades: porque "onde foi grande o pecado, foi bem maior a graça" (Rm 5, 20).

Mas não se pode ir à periferia em abstrato. Penso muitas vezes nos povos perseguidos: os pobres rohingyas, os uigures, os yazidis — o que o Daesh lhes fez foi de uma crueldade inaudita —, ou os Cristãos no Egito e no Paquistão, mortos por bombas detonadas enquanto rezavam nas igrejas. Tenho uma afeição especial pelo povo rohingya. Os rohingyas são, neste momento, o grupo mais perseguido da terra. Procuro estar próximo deles. Não são Católicos nem Cristãos, mas são nossos irmãos e irmãs, um pobre povo golpeado por todos os lados, que não tem para onde ir. Atualmente, há milhares deles em campos de refugiados em Bangladesh, onde a Covid-19 está descontrolada. Imagine o que se passa com o vírus num campo de refugiados. É uma injustiça que brada aos céus.

Reuni-me com os rohingyas em 2017, em Daca. É um povo bom, gente que quer trabalhar e cuidar das suas famílias, mas isso não lhe é permitido. Uma população inteira encurralada. No entanto, também me emociona a generosidade fraterna demonstrada por Bangladesh. É um país pobre e densamente povoado que, apesar disso, abriu suas portas a seiscentas mil pessoas. A então primeira-ministra me disse que, para que um rohingya pudesse comer, os cidadãos em Bangladesh precisavam renunciar a uma refeição por dia. Quando, no ano passado, me deram um prêmio em Abu Dhabi — uma quantia importante —, mandei-o diretamente para os rohingyas: um reconhecimento de muçulmanos para outros muçulmanos.

Ir às periferias de fato, como nesse caso, permite sentir o sofrimento e as carências de um povo, mas permite também que sejam descobertas as alianças que já estão sendo feitas, para apoiá-las e estimulá-las. O abstrato nos paralisa e o concreto cria possibilidades.

O tema da ajuda aos outros me acompanhou durante estes últimos meses. Na quarentena, rezei muitas vezes por aqueles que procuraram, de todas as formas, salvar a vida de outros enquanto colocavam a própria vida em jogo. Não quero dizer que foram imprudentes ou negligentes; é claro que não procuravam a morte e fizeram todo o possível para evitá-la, mas por vezes não puderam, porque não tinham a proteção necessária. Não escolheram salvar as próprias vidas no lugar das dos outros. Muitos enfermeiros, médicos e profissionais de saúde pagaram o preço do amor, assim como sacerdotes, religiosos e religiosas e tantas outras pessoas com vocação para servir. Retribuímos seu amor chorando por eles e prestando-lhes homenagem.

Conscientemente ou não, a opção que fizeram foi testemunho daquilo em que acreditavam: é melhor uma vida dedicada a serviço dos outros do que uma vida resistindo a esse chamado. Por isso, em muitos países, as pessoas aplaudiram-nos das janelas ou da porta de casa, como gesto de reconhecimento e admiração. Esses santos tão próximos despertaram algo importante no nosso coração, e tornaram possível crer, mais uma vez, no que desejamos cultivar com a pregação.

São esses os anticorpos contra o vírus da indiferença. Eles nos fazem recordar que a vida é um dom e que crescemos quando nos doamos aos outros; não se trata de nos preservarmos, mas de nos entregarmos para servir.

Que atitude contraditória ao individualismo, à obsessão pelo pessoal e à falta de solidariedade que parece impor-se nas nossas sociedades mais desenvolvidas! Será que esses cuidadores, que infelizmente já não estão conosco, nos mostram o caminho para a reconstrução?

Nascemos, criaturas amadas pelo nosso Criador, Deus amor, num mundo que tem muito mais anos de vida do que nós. Pertencemos a Deus, pertencemos uns aos outros, e somos parte de toda a Criação. E este fato, que entendemos com o coração, deve fazer fluir o nosso amor pelos outros; um amor que não se ganha nem se compra, porque tudo o que somos e temos é um dom imerecido.

Como é que nos convencemos do contrário? Como nos tornamos cegos à beleza da Criação? Como é que nos esquecemos dos dons de Deus e dos nossos irmãos? Como podemos explicar que vivemos num mundo cuja natureza está sufocada, onde os vírus se propagam como o fogo e causam o desmoronamento das nossas sociedades, em que a pobreza mais dilacerante convive com a riqueza mais inconcebível, onde povos inteiros — como os rohingyas — estão relegados à lixeira?

Creio que foi o mito da autossuficiência que nos convenceu. Esse sussurro ao pé do ouvido que nos diz que a terra existe para ser explorada; que os outros existem para satisfazer as minhas necessidades; que o que temos e o que nos falta é o que nós — e os outros — merecemos; que o meu prêmio é a riqueza, mesmo que isso implique que o destino inevitável de outros seja a pobreza.

Em momentos como estes, sentimos uma impotência radical da qual não somos capazes de nos livrar sozinhos. É nessa ocasião que recuperamos "o sentido" e vemos esta cultura egoísta em que estamos submersos e que nos faz negar o melhor de nós mesmos. E se nesse momento nos arrependermos e dirigirmos o olhar para o Criador e para os outros, talvez possamos recordar a verdade que Deus pôs no nosso coração: que pertencemos a Ele e aos nossos irmãos.

Talvez porque durante a quarentena pudemos recuperar um pouco da fraternidade da qual o nosso coração tanto sentiu falta, muitos sentimos a esperança impaciente de que o mundo possa se organizar de forma diferente, para refletir essa verdade.

Maltratamos e descuidamos dos nossos vínculos — com o nosso Criador, com a Criação e com as demais criaturas. A boa-nova é que existe uma Arca que nos espera, para nos levar a um novo amanhã. A pandemia da Covid-19 é o nosso "momento Noé", contanto que encontremos a Arca dos laços que nos unem, da caridade, do pertencimento comum. A história de Noé, no Gênesis, não fala apenas de como Deus ofereceu uma saída da destruição, fala também de tudo o que se passou depois. A regeneração da sociedade humana implicou voltar a respeitar os limites, a impedir a corrida pela riqueza e pelo poder, a cuidar daqueles que vivem na periferia. A incorporação do Sábado e do Jubileu — momentos de recuperar e reparar, de perdoar dívidas e restabelecer vínculos — foi a chave para essa regeneração e deu tempo à terra para se reacomodar, para que os pobres encontrassem novas esperanças, para que as pessoas encontrassem outra vez suas almas.

É essa graça que se oferece para nós agora, a luz em meio às nossas dificuldades. Não a desperdicemos.

Quando penso nos desafios que nos são apresentados, me sinto angustiado. Mas nunca perco a esperança. Estamos acompanhados. Sim, estamos abalados, sentindo dor, impotência e até mesmo medo. Mas essa crise também nos apresenta uma oportunidade: a de sairmos dela melhores.

O que o Senhor nos pede hoje é uma cultura de serviço, não uma cultura de descarte. Mas não podemos servir aos outros se não deixarmos que a realidade deles nos afete.

Para chegar lá, temos de abrir os olhos e permitir que penetre em nós o sofrimento que nos rodeia, e dessa forma poderemos escutar a voz do Espírito de Deus, que nos fala a partir das periferias. Por isso, quero chamar a atenção para três caminhos nefastos, que impedem o crescimento, a conexão com a realidade e, especialmente, a entrada do Espírito Santo. Falo do narcisismo, do desânimo e do pessimismo.

O *narcisismo* o conduz à cultura do espelho, a olhar para si mesmo e a centrar tudo na sua figura, que assim se torna a única coisa que você vê. Você se enamora tanto dessa imagem que se afoga nela. As notícias só são boas se o beneficiam; se são más, então você é a principal vítima.

O *desânimo* faz com que você se queixe de tudo e não veja o que tem nem o que os demais lhe oferecem, só enxerga o que julga ter perdido. O desânimo leva à tristeza na vida espiritual, um verme que o corrói por dentro. Com o tempo, você se fecha e não consegue ver nada para além de si mesmo.

E há também o *pessimismo*, que é como uma porta que você fecha para o futuro e para as novidades que ele pode trazer; uma porta que você se nega a abrir, com medo de que algum dia surja algo novo.

Essas são três maneiras de se bloquear, de se paralisar e se centrar naquelas coisas que não o deixam avançar. No fundo, é preferir as ilusões que disfarçam a realidade, em vez de descobrir tudo o que somos capazes de realizar. São cantos de sereia que o seduzem. Para agir contra essas três coisas, é preciso concentrar-se no pequeno, no concreto, nas ações positivas que podemos empreender, tanto para semear esperança como para reclamar justiça.

Uma das esperanças que tenho, resultado desta crise que estamos vivendo, é de que voltemos a entrar em contato com a realidade. Precisamos passar do virtual para o real, do abstrato para o concreto, da cultura do adjetivo para a do substantivo. Há tantos irmãos e irmãs de "carne e osso", gente com nome e rosto, necessitados de formas que não podemos ver, nem escutar, nem reconhecer, por estarmos centrados em nós mesmos. Mas agora algumas dessas vendas caíram e temos a oportunidade de enxergar com novos olhos.

A crise expôs a cultura do descarte. As exigências da Covid-19 nos fizeram ver como tantos irmãos nossos não tinham uma casa onde viver o distanciamento social obrigatório nem água para a sua higiene. Pense nas famílias que vivem apinhadas nas nossas cidades, nas *villas miseria*, como chamamos na Argentina as favelas ou bairros pobres de tantos lugares do mundo. Pense nos centros de migrantes e nos campos de refugiados, onde as pessoas podem passar anos sem fazer nada, sem serem sequer acolhidas. Pense nisso e se dará conta de como lhes foram negados os direitos mais elementares: a higiene, a alimentação, a dignidade. Esses campos de refugiados transformam o sonho de alcançar uma vida melhor em câmaras de tortura.

Durante a pandemia, perguntei a padres que trabalhavam em bairros mais pobres: Como é que uma família num bairro como esse, numa *villa miseria*, vai manter a distância necessária para não ser infectada? Como vai poder seguir os protocolos de higiene recomendados, se não tem água potável? A crise evidencia essas injustiças. E nós, o que vamos fazer em relação a isso?

Se a Covid-19 entra num campo de refugiados, pode provocar uma verdadeira catástrofe. Penso, por exemplo, nos campos de Lesbos, que visitei em 2016 com os meus irmãos Bartolomeu e Jerônimo II, e nos registros que vi sobre a exploração humana que existe na Líbia.[2] Você precisa se perguntar: Esse drama é apenas por causa da Covid-19, ou trata-se de outra coisa que a doença pôs em evidência? Estamos falando somente da pandemia causada por um vírus e de uma crise econômica, ou também de abrir mais os olhos, da forma como fazemos parte e reagimos a todos esses dramas humanos?

Observe as estatísticas das Nações Unidas sobre as crianças sem acesso a educação na África, as crianças que morrem de fome no Iêmen e muitas outras situações trágicas. Apenas observe as crianças. É evidente que a Covid-19 nos fez parar e nos obrigou a pensar em tudo isso. O que me preocupa é que há projetos em andamento para restaurar a estrutura socioeconômica que tínhamos antes da pandemia, sem levar em conta todos esses dramas.

Temos de achar maneiras para que aqueles deixados de lado se convertam em atores de um novo futuro. Temos de envolver o povo num projeto comum que não beneficie apenas um pequeno grupo de pessoas. Temos de mudar o modo como a sociedade funciona após a crise da Covid-19.

Quando falo de mudança, não significa apenas que precisamos cuidar melhor de um grupo de pessoas ou de outro. O que quero dizer é que essas pessoas que hoje estão na periferia devem se tornar os protagonistas das transformações sociais.

É nisso que acredito, de coração.

* * *

Pensemos num grande obstáculo à mudança: a miopia existencial que nos faz escolher o que vemos. A miopia existencial faz com que nos agarremos a alguma coisa que temos medo de soltar. A Covid-19 pôs em evidência a outra pandemia, a do vírus da indiferença, que nos faz olhar sempre para o outro lado e nos diz que, como não há solução imediata ou mágica, o melhor é não sentir.

Vemos isso na história de Lázaro, o homem pobre, no Evangelho de Lucas. O rico era seu vizinho, sabia bem quem era Lázaro, conhecia inclusive seu nome. Mas era indiferente, não se importava. Para o homem rico, a desgraça de Lázaro não era assunto seu. Provavelmente pensava "Coitado!" toda vez que cruzava com ele no portão, olhando-o de costas, a partir de um abismo de indiferença. Conhecia a vida de Lázaro, mas esse conhecimento não o afetava; e isso acaba por abrir uma brecha entre o que sentimos (indiferença) e o que pensamos. Opina-se e julga-se muitas situações sem empatia, sem capacidade de estar por um momento na pele do outro.

Vi uma exposição de fotografias aqui em Roma. Uma das fotos chamava-se apenas "Indiferença". Na foto aparecia uma senhora de idade saindo de um restaurante. Era inverno e ela estava muito bem agasalhada, com casaco de pele, guarda-chuva, luvas; via-se que era uma pessoa de classe média-alta. À porta do restaurante, havia outra senhora sentada em um caixote, muito mal vestida; via-se que era uma mulher que vivia na rua. Esta mulher estende-lhe a mão, mas a senhora que saía do restaurante olha para outro lado. Essa foto tocou o coração de muita gente.

Aqui na Itália é muito comum dizer *che me ne fregas*, que significa "Que me importa?". Na Argentina, dizemos *Y a mí qué?*. São pequenas expressões que refletem uma maneira de pensar. Alguns italianos dizem que para viver bem faz falta um são *"menefreghismo"*, quer dizer, uma sã indiferença. Porque se você começa a se aborrecer com tudo o que acontece, não consegue viver tranquilo. Essa atitude acaba por blindar a alma, ou seja, a indiferença bloqueia, há coisas que não a atingem. Um dos perigos desse "estado de indiferença" é que ele se torne algo normal e, dessa forma, acabe por impregnar silenciosamente nossos estilo de vida e juízo de valor. Não podemos nos acostumar com a indiferença.

A atitude do Senhor é totalmente o contrário, é o polo oposto. Deus nunca é indiferente. A essência de Deus é a misericórdia, que não consiste apenas em ver e comover-se, mas em responder com ação. Deus sabe, sente e vem cuidar de nós. Não se limita a nos esperar, ele sai ao nosso encontro. Sempre que houver uma resposta no mundo que seja imediata, próxima, carinhosa, preocupada, que promova uma ação, aí está Deus, aí está presente o Espírito de Deus.

A indiferença bloqueia o Espírito, não permite que vejamos as possibilidades que Deus está esperando para nos oferecer, as possibilidades que superam nossos esquemas e paradigmas mentais. A indiferença não deixa você sentir as ações do Espírito que esta crise provoca no seu coração. Bloqueia a possibilidade de discernimento. A pessoa indiferente está fechada às coisas novas que Deus nos oferece.

Por isso, precisamos prestar atenção a essa mentalidade de "O que eu tenho a ver com isso?" e nos abrir aos golpes que agora nos atingem de todos os cantos do mundo.

Quando isso acontece, ficamos inundados de dúvidas e perguntas: Como podemos reagir? O que podemos fazer? O que devo fazer para ajudar? O que é que Deus está nos pedindo neste momento?

Ao fazer essas perguntas — não retoricamente, mas em silêncio, com o coração atento, talvez diante de uma vela acesa —, nós nos abrimos à ação do Espírito. Podemos começar a discernir, a ver novas possibilidades, ao menos nas pequenas coisas que nos rodeiam ou naquilo que fazemos todos os dias. E então, à medida que vamos nos comprometendo com essas pequenas coisas, começamos a imaginar outra maneira de viver juntos, de servir aos outros. Podemos sonhar com uma mudança real, uma mudança possível.

Nestes tempos difíceis, as últimas palavras de Jesus no Evangelho de Mateus me dão esperança: "Eis que estarei com vocês todos os dias, até o fim do mundo" (Mt 28, 20). Não estamos sós. Por isso, não devemos ter medo de adentrarmos a noite escura dos problemas e do sofrimento. Sabemos que não temos todas as respostas prontas, mas confiamos, mesmo assim, que o Senhor nos abrirá portas que nem sequer imaginávamos que existiam.

É claro que vacilamos. Diante de tanto sofrimento, quem não se assusta? É bom tremer um pouco. Na verdade, ter medo da missão pode ser um sinal do Espírito Santo. Podemos sentir, ao mesmo tempo, que somos inadequados e chamados à missão. Esse ardor que sentimos no coração nos confirma que o Senhor está pedindo que o sigamos.

Quando encaramos opções e contradições, nos perguntarmos qual é a vontade de Deus ajuda a nos abrirmos a possibilidades inesperadas. Estou me referindo a essas novas possibilidades como um "transbordamento", porque frequentemente as margens do nosso pensamento transbordam. O "transbordamento" acontece quando, com humildade, apresentamos a Deus o desafio que enfrentamos e Lhe pedimos ajuda. Chamamos isso de "discernimento de espíritos", porque se trata de distinguir o que verdadeiramente é de Deus e o que procura frustrar Sua vontade.

Discernir é resistir à tentação de alcançar um falso alívio com uma decisão imediata e, em vez disso, estar disposto a apresentar ao Senhor, com humildade, diversas opções, esperando esse "transbordamento". Você vai atrás dos prós e dos contras, sabendo que Jesus está com você e para você. Sente dentro de si o suave convite do Espírito e do seu oposto. E com o tempo, em oração e com paciência, em diálogo com os outros, chega a uma solução, que não é um meio-termo, mas algo totalmente diferente.

Quero ser muito claro aqui. Na vida cristã, quando buscamos a vontade de Deus, não existem meios-termos. Isso quer dizer que chegar a um meio-termo não é cristão? Claro que não; em alguns momentos é necessário, às vezes não resta outro caminho a não ser chegar a um meio-termo, para evitar uma guerra ou outra calamidade. Mas um meio-termo não resolve uma contradição ou um conflito. É uma solução transitória, uma situação de espera, que permite um amadurecimento da situação até que se possa resolver por outro caminho, por um caminho de discernimento, buscando a vontade de Deus.

As notícias e as redes sociais converteram-se, durante a quarentena, na nossa principal janela para o mundo, tanto para o bem quanto para o mal.

Os jornalistas desempenharam papel fundamental para nos ajudar a entender o que estava se passando, a ponderar e avaliar os diferentes pontos de vista e opiniões. Os melhores jornalistas nos levaram às periferias, mostraram o que acontecia ali, fizeram com que nos importássemos. Esse é o jornalismo que se exerce com nobreza, que nos ajuda a superar nossa miopia existencial, que abre espaços para a discussão e o debate. Quero prestar homenagem aos meios de comunicação que nesta crise nos ajudaram a não cair na indiferença.

Mas esses meios também têm suas patologias: a desinformação, a difamação e um fascínio pelo escândalo e pelo sujo. Alguns veículos estão presos na cultura da pós-verdade, onde os fatos importam muito menos do que o impacto, e usam as narrativas como armas de poder. Os mais corruptos são aqueles que procuram agradar ao seu público, manipulando os fatos para que se ajustem aos seus preconceitos e temores.

Alguns veículos usaram esta crise para convencer as pessoas de que os culpados são os estrangeiros, que o coronavírus não é mais do que uma leve gripe, que muito em breve vai estar tudo como antes, e que certas restrições são uma exigência injusta de um Estado invasivo. Há políticos que vendem essas narrativas em benefício próprio. Mas não poderiam continuar com esse discurso se alguns veículos de mídia não o divulgassem.

Dessa forma, os veículos de comunicação deixam de mediar e transformam-se em intermediários, obscurecendo a nossa visão da realidade. Infelizmente, esse fenômeno não é estranho para algumas plataformas de comunicação que se dizem católicas e afirmam estar salvando a Igreja de si mesma. Noticiários que reformulam os fatos para apoiar certas ideologias em prol do ganho financeiro corrompem o jornalismo e destroem o tecido da nossa sociedade.

Como experimentamos na pele durante este tempo, nenhum meio digital pode satisfazer o desejo da alma humana de ter contato direto com seus entes queridos, com a realidade; nada pode substituir a interação direta com a complexidade que as experiências dos outros oferecem. A comunicação é muito mais do que uma conexão, é muito mais fecunda quando há vínculos de confiança: comunhão, fraternidade, presença física.

O distanciamento social é uma resposta necessária à pandemia, mas não se sustenta por muito tempo sem corroer a nossa humanidade. Nascemos para estar em contato. E não somente em conexão.

É arriscado dizer, porque podem me interpretar mal, mas a comunicação de que mais necessitamos é o toque. O coronavírus fez com que ficássemos com medo de dar um abraço, de nos darmos as mãos. Desejamos o contato com nossos entes queridos, ao qual muitas vezes devemos renunciar para o seu e o nosso bem. O toque é uma necessidade profundamente humana.

Nas audiências gerais das quartas-feiras, costumo me aproximar das pessoas. Uma vez, um grupo de crianças cegas me perguntou se "podiam me ver". Disse a elas que sim, sem saber de imediato o que queriam dizer. Depois percebi que queriam tocar meu rosto com as mãos para "ver" o Papa. O tato é o único sentido que a tecnologia não conseguiu substituir. Não há dispositivo que faça com que essas crianças cegas me "vejam" tão claramente como o fizeram com as mãos.

Fiquei muito impressionado com o modo como tantas pessoas da Igreja reagiram à pandemia, buscando novas maneiras de estar perto dos outros, ao mesmo tempo respeitando as medidas de distanciamento social: transmitindo liturgias ao vivo, colocando fotografias dos membros da comunidade nos bancos, organizando reuniões e grupos de oração por meio de plataformas digitais, fazendo retiros de forma remota, falando com pessoas por telefone e tablet, criando vídeos em que dezenas de cantores e músicos colaboravam por meio de lindas canções diretamente de suas casas. Para a Igreja foi um tempo de separação forçada, mas também um tempo de encontrar maneiras novas e criativas de nos reunirmos como Povo de Deus.

Como não podiam celebrar a missa, muitos sacerdotes saíram para fazer visitas em casa, para cuidar do seu rebanho, ou exerceram o apostolado pelo telefone, para não perderem a proximidade com as pessoas. Alguns também fizeram compras para idosos que passavam pelo isolamento sozinhos. Nesta pandemia, vi a Igreja viva; foi um testemunho extraordinário.

A internet permitiu que mantivéssemos contato e pudéssemos nos comunicar, mas também alterou a dinâmica de nossos lares e vidas. Algumas pessoas partilharam comigo os efeitos do excesso de exposição digital, de como se sentiam exaustas, invadidas, sem um momento sequer de alívio: viviam on-line em todos os sentidos. A hiperexposição às telas é um fenômeno novo que devemos analisar com cautela.

Por exemplo, o distanciamento obrigatório tornou alguns mais vulneráveis ao aliciamento on-line e outras formas de abuso que em geral seriam alvos de nossa atenção e denúncias. Nos últimos anos, graças a Deus, vimos crescer uma conscientização especial a esses temas. A cultura do abuso, seja sexual, seja de poder, seja psicológico, começou a ser desmantelada primeiramente pelas próprias vítimas e suas famílias, que, para além da sua dor, foram capazes de perseverar e buscar justiça, ajudando a alertar e a curar a sociedade dessa perversidade.

Não me cansarei de dizer, com pesar e vergonha, que esses abusos também foram cometidos por alguns membros da Igreja. Nos últimos anos, demos passos importantes para erradicá-los e construir uma cultura de cuidado que responda com rapidez a todas as denúncias. Criar uma cultura assim demorará, mas é um compromisso irremediável no qual devemos empenhar-nos com todas as nossas forças. Nunca mais nenhum tipo de abuso, seja sexual, seja de poder, seja psicológico, deve acontecer — dentro ou fora da Igreja.

Vimos esse despertar também na sociedade: no movimento #MeToo, nos múltiplos escândalos envolvendo políticos poderosos, magnatas da mídia e homens de negócios. Foi exposta a maneira deles de pensar: se podem ter tudo o que querem e quando querem, por que não poderiam se aproveitar também sexualmente de mulheres jovens e vulneráveis? Os pecados dos poderosos estão quase sempre relacionados com direitos que atribuem a si, colocados em prática por gente com uma escandalosa falta de vergonha e que demonstra uma arrogância descarada. Costumo dizer que, na Igreja, sentir ter direitos sobre os outros é o câncer do clericalismo, essa perversão da vocação a que nós sacerdotes fomos chamados.

Em todos os casos mencionados, a raiz do pecado é a mesma. É o velho pecado dos que se consideram donos dos outros, que não reconhecem nenhum limite e, sem nenhum tipo de pudor, creem que podem usá-los como querem. É o pecado da falta de respeito ao valor da pessoa.

Há outro tipo de abuso de poder: nós o vimos no assassinato de George Floyd, que desencadeou protestos em todo o mundo contra a injustiça racial. Reivindicar dignidade para todos os seres humanos e denunciar o abuso em todas as suas formas são atitudes corretas. O abuso é uma violação da dignidade humana que não podemos permitir e contra a qual devemos lutar.

E, no entanto, como com todas as coisas boas, há o risco de que esses despertares de consciência sejam manipulados e comercializados. Não digo isso para pôr em dúvida as tentativas genuínas e corajosas de expor a corrupção do abuso e dar voz às vítimas, mas para advertir que, às vezes, também encontramos o mau dentro do bom. Acho triste que existam advogados que tirem vantagem de vítimas de abuso, não tendo como objetivo defendê-las, mas se aproveitar delas financeiramente.

O mesmo pode acontecer com políticos. Uma vez recebi uma carta de um político que contava como em seu país tinham descoberto uma grande história de abuso. Uma investigação judicial posterior revelou que a acusação era falsa. Esse homem queria aparecer como herói ao denunciar abusos que nunca aconteceram. Depois descobri que ele queria ser governador, e usava isso para tentar ganhar votos.

Usar, exagerar ou distorcer uma desgraça para se posicionar política ou socialmente é também uma forma grave de abuso que menospreza a dor das vítimas; também é deplorável.

Alguns protestos durante a crise da Covid-19 suscitaram o espírito indignado do vitimismo, mas dessa vez entre pessoas que são vítimas apenas na própria imaginação. Como as que reclamam que a obrigação de usar máscara é uma imposição injustificada do Estado, mas se esquecem, ou não se importam, de todos os que, por exemplo, não contam com previdência social ou que perderam o emprego.

Com algumas exceções, os governos fizeram grandes esforços para priorizar o bem-estar do seu povo, atuando com determinação para proteger a saúde e salvar vidas. As exceções foram alguns governantes que ignoraram a penosa evidência do número de mortes que ia aumentando, o que inevitavelmente trouxe consequências graves. Mas a maioria dos governos atuou com responsabilidade e impôs medidas sérias para evitar o contágio.

Contudo, alguns grupos protestaram, negaram-se a manter o distanciamento, rebelaram-se contra as restrições de viagens, como se essas medidas constituíssem um ataque político à autonomia ou à liberdade individual. A busca do bem comum é muito mais que a soma dos bens individuais. Significa considerar todos os cidadãos, procurando responder efetivamente às necessidades dos mais desfavorecidos.

Falamos antes do narcisismo, do ser blindado, das pessoas que vivem se queixando e pensando somente em si. É a incapacidade de ver que nem todos temos as mesmas possibilidades. É bem fácil para alguns pegar um conceito como, neste caso, a liberdade pessoal, e convertê-la numa ideologia, e assim fabricar o prisma através do qual se julga tudo.

Você nunca verá essas pessoas num protesto pela morte de George Floyd, ou se manifestando porque em algumas *villas miseria* as crianças não têm água ou educação, ou porque há famílias inteiras que perderam sua fonte de renda. Você não as verá protestando pelas espantosas quantias que, gastas no comércio de armas num só ano, poderiam ser usadas para alimentar toda a humanidade e dar acesso à educação a todas as crianças. Não, contra isso não protestam; são incapazes de enxergar fora do seu mundinho de interesses.

Mais uma vez, lamentavelmente, não podemos ignorar aqueles da Igreja que compartilham essa maneira de pensar. Alguns padres e leigos deram maus exemplos, perdendo o laço de solidariedade e fraternidade com o restante de seus irmãos. Transformaram em uma batalha cultural o que na realidade se tratava de um esforço para garantir a proteção à vida.

Esta crise desmascara a nossa vulnerabilidade, expõe as falsas seguranças em que alicerçamos nossa vida. É tempo de refletir com honestidade e de assumir nossas raízes.

O que me preocupou nos protestos contra o racismo do início de 2020, quando se derrubaram muitas estátuas de personagens históricas em diversos países, foi o desejo de purificar o passado. Para alguns, a história deveria ser como a queremos hoje, enquanto apagamos tudo o que ficou para trás. Contudo, deveria ser o contrário. Para que haja história verdadeira, deve haver memória, algo que nos ajude a reconhecer os caminhos percorridos, ainda que sejam vergonhosos. Podar a história poderia nos fazer perder a memória, um dos poucos antídotos para não cometer os mesmos erros do passado. Um povo livre é um povo com memória, capaz de assumir sua história, sem a negar, e tirar dela os melhores ensinamentos.

No capítulo 26 do Livro do Deuteronômio, Moisés diz aos israelitas o que devem fazer depois de tomar a terra que o Senhor lhes deu. Precisam levar os primeiros frutos como oferenda ao sacerdote e fazer uma oração de ação de graças que recorde a história do povo. A oração começa assim: "Meu pai era um arameu errante." Depois seguia-se uma história de vergonha e redenção: meus antepassados foram para o Egito, viveram ali como estrangeiros e escravos, mas o seu povo invocou o Senhor e saíram do Egito para aquela terra.

A ignomínia do nosso passado, em outras palavras, é parte do que e de quem somos. Recordo a história, não para honrar os antigos opressores, mas para prestar homenagem ao testemunho e à grandeza dos oprimidos. É muito perigoso recordar a culpa dos outros para proclamar a própria inocência.

É claro que os que derrubaram as estátuas fizeram isso para chamar a atenção para os erros do passado e negar qualquer tipo de homenagem aos que os cometeram. Mas, quando julgo o passado com os olhos do presente, querendo purificá-lo da vergonha, corro o risco de cometer outras injustiças e de reduzir a história de uma pessoa às falhas que cometeu.

O passado é sempre repleto de situações vergonhosas: basta ler a genealogia de Jesus nos Evangelhos, que inclui — como em todas as famílias — uns tantos personagens que não são exatamente santos. Jesus não rejeita nem o seu povo nem a sua história, ele os assume e nos ensina a fazer o mesmo: sem apagar a vergonha do passado, mas assumindo-o como ele é.

É claro que sempre derrubaram estátuas e substituíram por outras, quando o que representavam tinha perdido seu significado para a nova geração. Mas isso deveria ser feito de forma consensual, com debate e diálogo, não mediante atos de força. Nesse diálogo, o objetivo deve ser aprender com o passado em vez de julgá-lo com o ponto de vista de hoje. Temos de olhar o passado com olhos críticos, mas também com empatia, para entender por que motivo as pessoas aceitavam como normais coisas que hoje nos parecem horríveis. E se for preciso pedir perdão pelos erros das instituições daquela época, podemos fazer isso, mas sempre tendo em conta o contexto da época. Não é justo julgar o passado com a visão de hoje.

Mesmo que à época fosse justificado, não significa que era justo. Mas a humanidade evolui, a nossa consciência moral se desenvolve. A história é como é e não como gostaríamos que fosse. Quando tentamos derrubar a história real para instaurar uma realidade por outra perspectiva ideológica, é muito mais difícil ver o que em nosso presente necessita de mudanças para avançarmos em direção a um futuro melhor.

Durante muito tempo pensamos que podíamos ter saúde num mundo que estava doente. Mas a crise nos fez perceber quão importante é trabalhar por um mundo são.

O mundo é um dom de Deus à humanidade. A história bíblica sobre a Criação tem um refrão constante: "E Deus viu que era bom" (Gn 1, 12). "Bom" significa generoso, vivificante, belo. A beleza é a porta de entrada para a consciência ecológica. Quando ouço *A Criação*, de Haydn, sou transportado à glória de Deus na beleza das coisas criadas. No final, no longo dueto de Adão e Eva, encontra-se um homem e uma mulher extasiados pela beleza que lhes foi oferecida. A beleza, como a própria Criação, é puro dom, um sinal do Deus repleto de amor por nós.

Se alguém que ama você lhe dá um presente bonito e valioso, como você lida com ele? Tratá-lo com desdém é tratar com desprezo quem lhe deu aquilo. Se você dá valor ao presente — se o admira, cuida dele, não desdenha dele —, você o respeita e se sente grato. O ato de danificar o nosso planeta nasce da perda dessa consciência de gratidão. Nós nos acostumamos a ter, e pouco ou nada a agradecer.

A minha própria tomada de consciência dessa verdade começou a germinar numa reunião dos bispos da América Latina no santuário de Aparecida, no Brasil, em maio de 2007. Eu fazia parte do comitê de redação do documento final do encontro e, a princípio, fiquei um pouco incomodado com o fato de os bispos brasileiros e alguns de outros países quererem tantas referências à Amazônia nesse documento. Para mim parecia excessivo.

No ano passado, convoquei um Sínodo especial sobre a Amazônia.

O que aconteceu entre esses dois momentos? Depois de Aparecida, fui vendo algumas notícias: por exemplo, o governo de uma ilha conhecida do Pacífico comprou terras em Samoa para transferir para lá toda a sua população, porque dentro de vinte anos a ilha estará abaixo do nível do mar. Em outra ocasião, um missionário do Pacífico comentou comigo que certa vez fez uma viagem de barco e viu uma árvore no mar, e então perguntou ao condutor: "Essa árvore foi plantada no mar?" O condutor respondeu que não, que ali havia uma ilha que já não existia mais.

E assim, depois de muitos encontros, diálogos e acontecimentos, meus olhos foram se abrindo, como num acordar. À noite não se enxerga nada, mas pouco a pouco a luz vai aparecendo e você vê o dia. Foi este o meu processo: muito sereno, muito tranquilo, com dados dos quais ia tomando conhecimento, até que tive convicção de que a coisa era séria. Algo que me ajudou bastante foi a leitura dos escritos do Patriarca Bartolomeu sobre o tema. Foi uma inquietação sobre a qual comecei a falar com outros, o que ajudava. Ao partilhar inquietações, víamos horizontes e limites.

Assim foi nascendo a minha consciência ecológica. Vi que era uma ação de Deus, porque foi como a experiência espiritual que Santo Inácio descreve como a gota d'água na esponja: suave, sem fazer ruído, mas insistente. Lentamente, como o amanhecer, foi crescendo em mim uma visão ecológica. Comecei a ver a unidade entre a ecologia e o ser humano, e como o destino da humanidade está unido ao destino da nossa casa em comum de forma inseparável.

É uma consciência, não é uma ideologia. Há movimentos verdes que transformam a vivência ecológica em algo ideológico, mas ela é apenas isto: consciência, não ideologia. É ser consciente do que está em jogo no destino da humanidade.

Depois de ter sido eleito Papa, pedi a especialistas sobre clima e ambiente que coletassem os melhores dados sobre o estado do nosso planeta. Depois pedi a alguns teólogos que refletissem sobre esses dados, em diálogo com especialistas de todas as partes do mundo. Teólogos e cientistas trabalharam em conjunto até chegarem a uma síntese.

Enquanto tudo isso ia acontecendo, em 2014 viajei a Estrasburgo, na França, para discursar no Conselho da Europa. O presidente François Hollande enviou sua ministra do Meio Ambiente, que naquela altura era Ségolène Royal, para me receber. Enquanto conversávamos no aeroporto, ela me disse que soubera que eu estava preparando uma carta encíclica sobre o cuidado com o meio ambiente. Expliquei-lhe um pouco como seria, e ela me pediu que, por favor, a publicasse antes da reunião dos chefes de Estado que aconteceria em dezembro de 2015, em Paris.[3] Ela queria que o encontro acabasse bem. E assim foi, ainda que mais tarde alguns tenham se assustado e retirado seu apoio ao acordo final. É importante que a Igreja faça sua voz ser ouvida nesse processo vital e necessário — é o que pede nossa fé.

Laudato Si' [Louvado sejas] não é uma encíclica "verde". É uma encíclica social. O verde e o social caminham juntos: o destino da Criação está unido ao destino de toda a humanidade. Quando faço audiências na praça de S. Pedro, cumprimento as três ou quatro filas de doentes ali presentes. No caso das crianças, sobretudo, pergunto: "O que ela tem?" Diria que 40% das vezes são doenças raras originadas do descuido ecológico, da má gestão dos resíduos, do uso indiscriminado de pesticidas que continuam a ser desenvolvidos. Essas questões, entre outros fatores, acabam fazendo as pessoas adoecerem, hipotecando o futuro das próximas gerações. Muitas vezes os médicos não sabem o que fazer; se é uma doença rara, sabem mais ou menos a origem, mas, como pouca gente sofre dela, não é rentável para os laboratórios desenvolver um remédio.

Hoje em dia não se pode comer uma maçã sem descascá-la, porque pode fazer mal. Os médicos também aconselham as mães a não darem frangos de aviários industriais para as crianças até que atinjam quatro anos, por exemplo, por serem animais engordados por meio de hormônios, com possibilidade de causar nessas crianças um desequilíbrio muito grande.

Ou seja, não é uma questão de ideologia. É uma realidade que nos ameaça. A humanidade está cada vez mais doente, assim como nossa casa em comum, nosso ambiente, nossa Criação.

Em 2019, alguns pescadores de San Benedetto del Tronto me contaram que tinham pescado toneladas de plástico. Eram de uma frota de barcos relativamente pequenos, não mais de seis ou sete pessoas por barco. Já este ano, me disseram que tiraram do mar 24 toneladas de lixo, das quais metade — ou seja, 12 toneladas — eram plástico. Tomaram como missão não atirá-los de volta ao mar. Assim, com os peixes recolhem também o plástico e fazem a separação nos barcos — e isso, evidentemente, custa dinheiro. Quantas vezes encontram peixes mortos, sufocados por algum plástico que comeram?

Laudato Si' liga o consenso científico sobre a destruição do ambiente ao nosso esquecimento de nós mesmos, à nossa rejeição de quem somos como criaturas de um Deus de amor, vivendo dentro de Sua Criação mas em conflito com ela. É a tristeza de uma humanidade rica em conhecimento técnico, mas à qual falta a segurança interior de reconhecer-se como criatura do amor de Deus, um conhecimento que se expressa no nosso respeito simultâneo por Deus, pelos outros e pela Criação.

Para falar sobre a Criação são necessárias a poesia e a beleza. Junto com a beleza vai o sentido da harmonia, que deixamos de lado quando somos parciais e esquecemos outras realidades. A existência torna-se desequilibrada quando focamos no técnico e no abstrato e perdemos nossas raízes no mundo natural. Quando descuidamos da Mãe Terra, perdemos não somente o que necessitamos para sobreviver, mas também a sabedoria da boa convivência.

Uma humanidade impaciente com os limites que a natureza ensina é uma humanidade que não conseguiu subordinar o poder da tecnologia. Isso significa que a tecnologia deixou de ser nosso instrumento e passou a mandar em nós. Mudou a nossa mentalidade. Como? Ficamos mais intolerantes a limites: se pode ser feito, e se é rentável, não vemos nenhuma razão para não colocar em prática. Começamos a acreditar no poder, confundindo-o com o progresso, de tal forma que qualquer aumento do nosso controle é visto como benéfico.

O sinal de que a nossa consciência foi distorcida pela tecnologia é o nosso desprezo pela debilidade. Tornamo-nos surdos ao grito dos pobres e ao grito da natureza. À medida que perdemos nosso sentido de gratidão pelo dom de Deus e da Criação, deixamos de nos valorizar uns aos outros e ao mundo criado.

O nosso pecado está em não reconhecermos valor, em querermos possuir e explorar aquilo que não valorizamos como um presente. O pecado tem sempre essa mesma raiz de posse, de enriquecimento à custa dos outros e da Criação. É a mesma mentalidade pecaminosa que mencionamos ao falar sobre os abusos. O pecado está em explorar o que não devia ser explorado, em tirar riqueza (ou poder, ou satisfação) de onde não se devia. Pecado é a rejeição dos limites impostos pelo amor.

É por isso que, na *Laudato Si'*, falei de uma mentalidade distorcida conhecida como "paradigma tecnocrático". É uma lógica que despreza o limite imposto pelo valor do outro. Na ocasião, argumentei que é necessária uma conversão ecológica para evitar que a humanidade não apenas destrua a natureza, mas também a si mesma. Fiz um apelo em favor de uma "ecologia integral", que vai muito além do cuidado com a natureza; trata-se de cuidarmos uns dos outros como criaturas de um Deus que nos ama, e de tudo o que isso envolve.

Em outras palavras, se você pensa que o aborto, a eutanásia e a pena de morte são aceitáveis, seu coração terá dificuldade em se preocupar com a contaminação dos rios e a destruição das florestas. E o inverso também é verdade. Assim, mesmo que as pessoas continuem a afirmar com veemência que esses são problemas de ordens morais diferentes, a insistir que o aborto é justificado, mas que a desertificação não, ou que a eutanásia é errada, mas que os rios poluídos são o preço a pagar pelo progresso econômico, continuaremos presos na mesma falta de integridade que nos colocou na situação em que estamos.

Acho que a Covid-19 está deixando isso claro. Este é um momento de mostrar integridade, de desmascarar a moralidade seletiva da ideologia e assumir plenamente o que significa ser filho de Deus. Por isso acredito que o futuro que somos chamados a construir precisa começar com uma ecologia integral, que leve a sério a deterioração cultural e ética que caminha de mãos dadas com a nossa crise ecológica. O individualismo trazido pelo paradigma tecnocrático tem consequências.

Toda alteração na vida cotidiana desencadeia os mais variados sentimentos e reações. Em alguns casos, na quarentena, a violência doméstica aumentou porque muitas pessoas não sabem como viver juntas. Constatou-se o aumento da agressão, do abuso sexual e físico — coisas muito dolorosas. Em outros casos, porém, a quarentena trouxe à tona sentimentos fraternos que fortaleceram os vínculos. Os pais puderam brincar mais com os filhos, maridos e esposas tiveram oportunidade de ter conversas mais profundas.

Uma "pausa" pode ser sempre um bom momento para sentar, rever o passado, recordar com gratidão quem somos, o que nos foi dado e onde erramos.

A conjuntura atual é propícia para a mudança e a conversão. Cada um de nós teve sua pausa, ou se a não tivemos até agora, com certeza a teremos no futuro: uma doença, um casamento ou um negócio que não deu certo, alguma grande desilusão ou traição. Como no isolamento por causa da pandemia, esses momentos geram uma tensão, uma crise que revela o que há no nosso coração.

Em tais momentos, precisamos que outros indivíduos nos acompanhem em nossa caminhada. Muitos de nós somos alérgicos a médicos, mas se você quer evitar sofrimento desnecessário, ou mesmo o risco de ter uma doença ou dor ainda mais aguda, precisa deixar que o acompanhem. O mesmo acontece quando se está sofrendo uma crise interior ou pessoal; é preciso encontrar pessoas sábias, que também passaram por alguma prova de fogo, que possam lhe ajudar a navegar pelo que está por vir.

Em qualquer "Covid pessoal", por assim dizer, em toda pausa, o que se revela é aquilo que necessita mudar: a nossa falta de liberdade interior, as ideologias que ditam nossa vida, os ídolos a que temos servido, as relações que negligenciamos. Qual é o maior fruto de uma Covid pessoal? Eu diria que é a paciência, condimentada com um sadio senso de humor, que permite que aguentemos e criemos espaço para a mudança.

Há duas personagens bíblicas cujas histórias de "Covids pessoais" me vêm à mente e que podem nos ajudar a compreender as nossas histórias. Em primeiro lugar, a Covid de Saulo/Paulo. Pensemos no que aconteceu com esse guerreiro, cheio de zelo e ideais. Indignava-se com a deformação do judaísmo que os discípulos de Jesus promoviam e estava decidido a esmagá-los. Estava confiante e seguro, até que um acontecimento alterou todas as suas prioridades.

O encontro com Cristo atirou-o ao chão — ele ficou cego, e tudo mudou. Não mais vivia para uma ideia, mas para a pessoa a quem reconheceu como seu Senhor. Embora a mudança tenha sido drástica, ele ainda levou tempo para processá-la. Aceitou ajuda, deixou-se purificar, foi para a Arábia e, aproximadamente catorze anos depois, começou a falar com os apóstolos como aquele que hoje conhecemos pelo nome de Paulo. É interessante notar que na Bíblia esses processos são sempre acompanhados pela mudança de nome, forjam uma nova identidade: de Saulo a Paulo.

O rei Davi teve três momentos fortes de ruptura, de crise: teve a própria Covid. Primeiro, tentou resolver seu adultério com um crime atroz — ordenou a morte de Urias, marido de Betsabé —, mas, quando finalmente entendeu o mal que tinha cometido, se arrependeu. Levantou-se e começou de novo. Mas então veio sua segunda Covid, quando o orgulho e a independência tomaram conta dele; em vez de confiar em Deus, procurou aumentar seu poder sobre a população, promovendo um censo. Mais tarde arrependeu-se e pediu a Deus compaixão por seu povo, dizendo: "Castiga a mim, este povo é inocente."

Por fim, houve a Covid da fuga de Davi, quando foi traído por seu filho Absalão e forçado a fugir de Jerusalém. Semei insulta e lança pedras contra Davi e um dos seus generais diz: "Por que esse cão morto tem que ficar amaldiçoando o senhor meu rei? Vou lá e corto a cabeça dele" (2Sam 16, 9). Mas Davi lhe diz que não faça isso, afirmando: "Deixem que ele me amaldiçoe, pois foi Javé quem o mandou" (2Sam 16, 11). Davi se humilha.

Esses relatos bíblicos nos mostram que a crise é um tempo de purificação. Todas nos levam ao mesmo ponto — de vergonha por nossa arrogância e de confiança em Deus.

Há outras duas histórias bíblicas de "Covid" nas quais a crise surge não do pecado ou da desgraça, mas da negligência a uma dádiva. É o que acontece a Salomão e a Sansão. Ambos recebem grandes dons: a Salomão é concedida a imensa sabedoria que pediu, e Sansão recebe a enorme força necessária para combater seus inimigos. Mas ambos acabam mal, porque não honraram o dom recebido.

Salomão teve um sucesso gigantesco, foi o homem mais sábio e mais rico da sua época. A rainha de Sabá afirmou que jamais vira um palácio tão bem organizado, com banquetes tão requintados e roupas tão esplêndidas! Uma organização de primeira, famosa em todo o mundo conhecido. A rainha fica impressionada também com a grande sabedoria de Salomão. Ele pedira a Deus o dom do discernimento, e assim lhe foi concedido. A famosa história do julgamento de duas mulheres que clamavam ser mãe da mesma criança é um dos marcos de sua atuação, por exemplo. Israel se impressionava com a sabedoria que Deus havia concedido a Salomão.

Mas seu coração esfriou à medida que seu ego se expandiu, e ele se tornou arrogante, como se merecesse aquilo que lhe foi dado. Começou a adotar uma atitude relaxada com tudo, mas especialmente na única área em que não se pode agir assim: o culto a Deus, fonte dos seus dons. São Gregório Magno descreve esse afastamento da graça divina em sua obra *Morals of the Book of Job*. Quando uma pessoa fraca recebe muitos louvores, segundo Gregório, "encontra maior prazer em ser *chamada* de abençoada do que em realmente ser tal coisa", e aos poucos, em busca de aplauso, "aquilo que devia ser motivo de louvor a Deus converte-se em causa de separação d'Ele".[4]

Salomão acaba mal; cercado por inimigos, com o Reino dividido, um homem digno de compaixão. E é essencialmente o mesmo que acontece a Sansão, um homem forte com uma fraqueza mortal: é seduzido e, ao revelar seu segredo a Dalila e ser traído por ela, é preso. Com o tempo, ele recobra sua força e sua identidade, refaz sua vida de fidelidade a Deus e encerra sua luta com um ato heroico. Há vida depois da crise, há vida depois da Covid.

As Covids de Salomão e de Sansão são um tipo positivo de pausa porque nos resgatam do mundanismo, de um bem--estar egoísta, de um *benessere*, como se diz na Itália. Viver de maneira autoindulgente produz esterilidade. O inverno demográfico que muitos países ocidentais estão experimentando é fruto dessa cultura complacente de bem-estar egoísta. É difícil perceber como o *benessere*, que parece ser algo desejável, deve ser o estado do qual necessitamos ser resgatados. Mas é uma das principais lições que podemos aprender dos destinos de Salomão e de Sansão.

Passei por três "Covids" na minha vida: a doença, a Alemanha e Córdoba.

A minha primeira experiência de limite, de dor e de solidão foi quando fiquei muito doente, aos 21 anos. Isso mudou a maneira como eu enxergava a vida. Durante meses, não sabia quem era, se iria viver ou morrer. Nem os médicos sabiam se eu iria sobreviver. Lembro-me de abraçar a minha mãe e pedir: "Só me diga se vou mesmo morrer." Estava no segundo ano de preparação para o sacerdócio no seminário diocesano de Buenos Aires.

Lembro-me da data: 13 de agosto de 1957. Fui levado ao hospital por um prefeito que percebeu que a minha doença não era uma gripe qualquer tratável com aspirina. Tiraram imediatamente um litro e meio de água do meu pulmão, e ali fiquei, lutando pela vida. Em novembro, passei por uma operação para tirarem o lóbulo direito superior de um dos meus pulmões. Entendo um pouco como as pessoas com coronavírus se sentem quando lutam para respirar, ligadas aos respiradores.

Dessa época, recordo especialmente de duas enfermeiras. Uma era a enfermeira-chefe do departamento, uma irmã dominicana que tinha sido professora em Atenas antes de ser enviada a Buenos Aires. Soube mais tarde que, após a primeira visita do médico, depois de ele ter ido embora, ela disse às enfermeiras que duplicassem a dose da medicação prescrita — basicamente penicilina e estreptomicina —, porque ela sabia por experiência que eu estava morrendo. A irmã Cornelia Caraglio salvou a minha vida. Graças a seu contato regular com os doentes, sabia melhor que o médico do que eles precisavam, e teve a coragem de botar em prática essa experiência.

Outra enfermeira, Micaela, fazia o mesmo quando eu sentia muita dor, prescrevendo secretamente doses extras de sedativos fora dos horários estipulados. Agora, Cornelia e Micaela estão no céu, mas estarei sempre em dívida com elas. Elas lutaram por mim até o fim, até a minha recuperação. Elas me ensinaram o que é usar a ciência, mas também quando se deve passar por cima dela para atender a necessidades especiais.

Aprendi algo mais dessa experiência: a importância de evitar consolos baratos. As pessoas entravam para me dizer que ia ficar tudo bem, que depois dessa dor nunca mais voltaria a sofrer — realmente coisas estúpidas, palavras vazias, ditas com boa intenção, mas que nunca tocaram o meu coração. A única pessoa a falar comigo com mais profundidade, por meio de seu silêncio, foi uma das mulheres que marcaram minha vida, a Irmã Maria Dolores Tortolo, que eu conhecia desde criança e me preparara para a Primeira Comunhão. Veio me ver, pegou minha mão, me deu um beijo e não disse nada durante algum tempo, até que falou: "Você está imitando Jesus." Ela não precisava dizer mais nada. Sua presença e seu silêncio me consolaram profundamente.

Depois dessa experiência, decidi que, quando visitasse os doentes, falaria o mínimo possível. Hoje simplesmente seguro a mão deles.

A doença grave pela qual passei me ensinou a depender da bondade e da sabedoria de outros. Meus colegas seminaristas iam doar sangue, me visitar e me fazer companhia, noite após noite, enquanto vivia essa difícil situação. Esse tipo de coisa a gente não esquece. Como saí dessa Covid? Melhor, mais realista. A experiência também me deu espaço para repensar meu caminho. Já sentia que minha vocação era a vida religiosa, e estava pensando nos salesianos, nos dominicanos, talvez nos jesuítas. Meu primeiro contato com os jesuítas foi no seminário, porque eram eles que o dirigiam, e estava impressionado com o seu zelo missionário. Enquanto me recuperava da minha operação fora do seminário, tive tempo para ponderar tudo isso, e alcancei a paz de que precisava para tomar a decisão definitiva de entrar para a Companhia de Jesus.

Poderia chamar o tempo que passei na Alemanha, em 1986, de "Covid da desconexão". Foi um exílio voluntário, porque fui aperfeiçoar o alemão e trabalhar na minha tese, mas me senti completamente deslocado. Costumava caminhar até o cemitério em Frankfurt e ver os aviões pousarem e decolarem; tinha saudades de casa. Lembro do dia em que a Argentina venceu a Copa do Mundo. Não vi o jogo e só fiquei sabendo que tínhamos vencido pelos jornais no dia seguinte. Fui para a minha aula de alemão e ninguém disse uma palavra, mas então uma menina japonesa se levantou e escreveu no quadro: VIVA A ARGENTINA. Toda a turma começou a rir. Até que a professora entrou, disse a ela para apagar aquilo e pronto.

Era a solidão de um triunfo que não podia compartilhar, a solidão de sentir que não pertencia àquele lugar, de ser pego de surpresa. Você é tirado de onde está e enviado para o desconhecido, e nesse processo aprende que o que realmente importa é o lugar que deixou para trás.

Por vezes, esse desenraizamento pode ser uma purificação, uma transformação radical. Foi o caso da minha terceira Covid, quando fui enviado para Córdoba, entre 1990 e 1992. Esse tempo foi influenciado pelo meu jeito de liderar, primeiro como provincial e depois como reitor. Tenho certeza de que fiz algumas coisas boas, mas às vezes eu era muito duro. Em Córdoba me fizeram pagar o preço daquilo, e com toda a razão.[5]

Passei um ano, dez meses e treze dias na residência jesuíta. Celebrava a missa, confessava e dava direção espiritual, mas praticamente nunca saía de casa, a não ser para ir ao correio. Foi uma espécie de quarentena, um isolamento como muitos de nós fizemos recentemente, e isso me fez bem; me ajudou a desenvolver algumas ideias, escrevi e rezei muito.

Até então havia tido uma existência ordenada na Companhia de Jesus, com base na minha experiência primeiro como mestre de noviços e depois, de 1973, quando fui nomeado provincial, até 1986, quando terminei meu período como reitor. Eu estava acomodado nessa vida. Um desenraizamento desses, como quando o tiram de campo num jogo de futebol e mandam para o banco de reservas, causa uma reviravolta. Seus hábitos, suas reflexões, os pontos de referência da sua vida que vão tomando forma com o tempo — tudo isso é virado de cabeça para baixo, e é preciso reaprender a viver, a se preparar mais uma vez para a luta.

Olhando agora para trás, três coisas específicas me impressionam. Em primeiro lugar, a capacidade de rezar que me foi concedida; em segundo, as tentações que experimentei; e em terceiro — a coisa mais estranha! —, por que motivo decidi ler todos os 37 volumes de *História dos papas*, de Ludwig Pastor. Poderia ter lido um romance, ou algo mais interessante. Mas hoje me pergunto por que motivo Deus teria me inspirado a ler esse livro naquela ocasião. É como se o Senhor estivesse me dando uma vacina. Uma vez que se conhece a história dos papas, não há muito que aconteça na corte do Vaticano e na Igreja de hoje que possa lhe surpreender. Foi muito útil para mim!

A Covid de Córdoba foi uma autêntica purificação. Passei a ter maior tolerância, compreensão e capacidade de perdoar. Também renovou minha empatia pelos fracos e indefesos. E paciência, muita paciência, que é o dom de compreender que as coisas importantes levam tempo, que a mudança é orgânica, que há limites e que temos de trabalhar dentro deles, mantendo os olhos no horizonte, como Jesus fazia. Aprendi a importância de ver o que há de grande nas pequenas coisas e o que há de pequeno nas grandes. Foi um período de crescimento de muitas maneiras, o tipo de desabrochar que acontece depois de uma poda radical.

Mas devo ser vigilante, porque quando caímos em certos defeitos, em modelos particulares de formas de pecado, e depois nos corrigimos, o demônio vem, assim como disse Jesus, e, ao encontrar a casa "varrida e arrumada" (Lc 11, 25), envia outros sete espíritos ainda piores. O fim de alguém que passa por isso, segundo Jesus, é muito pior que o seu começo. É disso que tenho de me proteger durante meu governo da Igreja, para garantir que não volte a cair nos defeitos que tinha quando fui superior religioso.

A "segunda tentação" é a especialidade de demônios educados. Quando Jesus diz que o demônio envia sete espíritos piores que ele, afirma que estes "entram e se instalam ali". Em outras palavras, nós os deixamos entrar. Eles tocam a campainha, são amáveis, dizem "desculpe" e "com licença", mas mesmo assim tomam conta da casa. É a tentação do diabo disfarçado de anjo de luz que Jesus nos mostra nessas passagens.[6]

O regresso do demônio na forma de tentação é uma longa tradição na Igreja. Pensemos, por exemplo, nas tentações de Santo Antão, ou de Santa Teresa de Lisieux, que pede que joguem água benta sobre ela, porque o demônio a está rondando, na esperança de fazê-la cair. Na minha idade, deveria ter óculos especiais para ver quando o diabo está me rondando, tentando me fazer cair nos meus últimos momentos, uma vez que já estou no fim da vida.

Essas foram as minhas principais "Covids pessoais". O que aprendi é que sofremos muito, mas se permitimos que o sofrimento nos mude, saímos melhores. Se nos fechamos, no entanto, ficamos piores.

Hoje, vejo muitas pessoas se fechando. Aquelas que se dedicaram mais a sua forma de agir seguem colocando em prática a fórmula de sempre — procuram conservar o modo de fazer as coisas. Certos líderes falam em alguns poucos ajustes, mas querem seguir basicamente o mesmo esquema. Quando falam de "recuperação", querem dizer pôr um pouquinho de verniz no futuro, retocando a pintura aqui e ali, mas essencialmente se assegurando de que nada mude. Tenho certeza de que isso levará a um fracasso ainda maior, um fracasso que poderá provocar uma enorme explosão social.

Algo parecido aconteceu após a crise financeira de 2008, quando os governos gastaram bilhões de dólares no resgate dos bancos e dos mercados financeiros, e o povo enfrentou uma década de austeridade. Dessa vez, não podemos cometer o mesmo erro. Se as opções são salvar vidas ou salvar o sistema financeiro, o que escolheremos? E se entrarmos agora em uma recessão mundial, será que adaptaremos a economia às necessidades do povo e da Criação ou continuaremos a sacrificar ambos para manter o *status quo*?

Para mim é claro: temos de redesenhar a economia de tal modo que ela possa oferecer a cada pessoa o acesso a uma existência digna, e que ao mesmo tempo proteja e regenere a natureza.

Por outro lado, o que vejo também — e isso me dá esperança — é povo pedindo uma mudança profunda, uma mudança que surja das raízes, das necessidades concretas, que brote da dignidade e da liberdade dos povos. É essa a mudança profunda de que temos necessidade, uma mudança que surja de pessoas capazes de se encontrar, de se organizar e de apresentar propostas de dimensões humanas.

Penso no Livro de Neemias. Neemias sente a vocação de refazer Jerusalém, e convence seu povo. E o povo enfrenta os incrédulos que os reinavam, e até os que estavam em guerra com eles. No capítulo 4 há um versículo que descreve como alguns trabalhavam na reconstrução dos muros, enquanto outros montavam guarda para os proteger, e depois com uma das mãos trabalhavam e com a outra seguravam uma arma (4,17). Quer dizer, sabiam que deviam defender seu futuro para não recaírem na tragédia precedente.

O Livro de Neemias, principalmente os primeiros oito capítulos, pode ser muito esclarecedor neste momento, por conta de toda a luta em favor dos pobres e da restauração da dignidade do povo, até o ponto de alegria por terem conseguido aquilo por que lutavam. É uma alegria que leva as pessoas às lágrimas, ao escutarem o Livro da Lei recuperado; no final, Neemias diz a eles que retornem a suas casas e festejem. "Não fiquem tristes", diz ele, "pois a alegria de Javé é a força de vocês" (8, 10). É essa alegria que nos dá forças para seguir em frente.

Hoje, nossos povos não estão alegres: há uma tristeza que o prazer e a distração não podem aliviar. Enquanto parte da humanidade sofre na mais absoluta miséria, como se pode ter alegria? Paralelamente, porém, vemos um despertar, um clamor por mudança; uma sensação de que o que foi não é tudo e de que ainda há mais por vir. A alegria do Senhor é a nossa fortaleza, mas também sabemos que há um caminho a percorrer antes de podermos comer, beber e nos alegrar pelo novo modo de viver.

Hoje, precisamos evitar nossa queda aos padrões individuais e institucionais que nos levaram à pandemia de Covid-19 e às crises que envolvem toda esta situação: a hiperinflação do indivíduo, combinada com instituições fracas e o controle despótico da economia por parte de uns poucos. Vejo, sobretudo, a necessidade urgente de fortalecer instituições que são uma reserva vital de energia moral e de amor cívico.

As escolas e os hospitais, as redes de instituições cívicas são vitais para as pessoas tomarem parte na sociedade. Com a pandemia, muitas das nossas instituições viram-se debilitadas, degradadas, empobrecidas e desvalorizadas; mas necessitamos delas.

De todas as instituições, foi a família quem recebeu o golpe mais duro. Perdeu, ou pelo menos empalideceu, sua identidade social como a "primeira sociedade", na qual a pessoa é formada como membro de algo mais amplo, com direitos, deveres e segurança. A erosão da família significa fatalmente o enfraquecimento dos laços de pertencimento dos quais todos dependemos. Podemos ver isso na tragédia de jovens e velhos isolados uns dos outros. É uma intuição, mas há muito tempo acredito que, se prestarmos atenção a esses grupos, se os incorporarmos e unirmos, grandes coisas acontecerão.

A hiperinflação do indivíduo anda de mãos dadas com a fraqueza do Estado. Uma vez que o povo perde o sentido do bem comum, a história mostra que caímos na anarquia ou no autoritarismo, ou em ambas as coisas: nos tornamos uma sociedade violenta e instável. Já estamos nesse ponto: basta ver o número de pessoas que morrem a cada ano devido à violência armada no continente americano. Desde o início da crise nos Estados Unidos, as vendas de armas bateram todos os recordes.

Sem o "nós" de um povo, de uma família, de instituições, de uma sociedade que transcende o "eu" dos interesses individuais, a vida rapidamente se quebra e se torna violenta; surge uma batalha pela supremacia entre facções e interesses. E se o Estado já não é capaz de controlar a violência em favor da paz social, pode acabar fomentando essa violência para defender os próprios interesses.

Ainda não chegamos lá. A crise nos devolveu a compreensão de que necessitamos uns dos outros. Agora é a hora de um novo projeto Neemias, um novo humanismo que possa canalizar essa irrupção de fraternidade e pôr fim à globalização da indiferença e à hiperinflação do indivíduo. Precisamos voltar a sentir que necessitamos uns dos outros, que somos responsáveis pelos outros, inclusive pelos que ainda não nasceram e pelos que ainda não são considerados cidadãos.

Podemos reorganizar a maneira como vivemos juntos, a fim de escolhermos melhor o que importa. Podemos trabalhar juntos para alcançar esses objetivos. Podemos aprender sobre o que nos faz avançar e o que nos faz retroceder. Podemos escolher.

PARTE II

TEMPO DE ESCOLHER

Entre o primeiro passo, que é o de se aproximar e de nos deixarmos impressionar pelo que vemos, e o terceiro passo, que é o de agir concretamente para curar e reparar, há um segundo passo intermediário essencial: o de discernir e escolher. Um tempo de provação é sempre um tempo para distinguir os caminhos do bem — que nos conduzem ao futuro — de outros caminhos que não levam a lugar algum ou nos fazem retroceder. Com clareza, podemos escolher melhor o primeiro.

Para este segundo passo, não precisamos apenas nos conectar com a realidade, mas de um conjunto de critérios que nos guiem: saber que somos amados por Deus, chamados enquanto povo ao serviço e à solidariedade. Precisamos também de uma saudável capacidade de reflexão e silêncio, precisamos de lugares de refúgio da tirania do urgente. Precisamos, principalmente, de oração, de ouvir o chamado do Espírito e cultivar o diálogo, numa comunidade que nos apoie e nos convide a sonhar. Com essas armas, podemos ler os sinais dos tempos e escolher um caminho que faça bem a todos.

Os gaúchos da Argentina e os caubóis dos Estados Unidos dão o mesmo conselho: "Não mude de cavalo no meio do rio." Em tempos de provação, precisamos ser firmes na fé, nos manter fiéis ao que importa. Uma crise resulta quase sempre do esquecimento de quem somos, e para avançar é necessário recordarmos as nossas raízes.

Este é um momento de recuperar valores, no sentido real da palavra: regressar àquilo que tem de fato valor. O valor da vida, da natureza, da dignidade da pessoa, do trabalho, dos vínculos — todos esses são valores-chave da vida humana, que não podem ser negociados nem sacrificados. Fico espantado quando ouço gente falar de "valores inegociáveis". Todos os valores verdadeiros, os valores humanos, são inegociáveis. Posso dizer qual dos dedos da minha mão tem mais valor que os outros? Se tem valor, tem um valor que não pode ser negociado.

Jesus nos ofereceu uma série de palavras-chave com as quais sintetizou a gramática do Reino de Deus: as Bem-aventuranças, que começam com a esperança dos pobres de uma vida plena, de paz e fraternidade, de igualdade e justiça. É uma realidade em que os valores não são negociáveis, mas sacrossantos. Refletindo sobre o Reino de Deus, em resposta à maneira como vivemos no mundo moderno, a Igreja desenvolveu uma série de princípios para reflexão, juntamente com critérios de juízo que também oferecem diretivas para a ação. É conhecido como Doutrina Social da Igreja (DSI). Uma vez que são tirados da reflexão sobre o Evangelho, esses princípios são acessíveis a todos, traduzindo e divulgando a Boa-nova, aqui e agora.

Esses critérios são, em última análise, expressões de amor, isto é, tratam de pôr em prática dinâmicas em que as pessoas se sintam amadas, especialmente os pobres, que podem experimentar: seu verdadeiro valor. Quando a Igreja fala da *opção preferencial pelos pobres*, isso significa que devemos sempre considerar o impacto das decisões que tomamos na vida dos mais pobres. Mas também significa que devemos pôr os pobres no centro do nosso modo de pensar.

Da mesma forma, quando a Igreja fala do *bem comum*, pede-nos que tenhamos em vista o bem de toda a sociedade. Não basta equilibrar as diferentes partes e interesses, ou pensar na máxima felicidade para o maior número de pessoas, como se os interesses da maioria superassem todos os outros interesses. O bem comum é o bem que todos partilhamos, o bem do povo no seu todo, do mesmo modo que os bens que possuímos em comum deveriam ser para todos. Quando investimos no bem comum, ampliamos o que é bom para todos.

Outro princípio da Doutrina Social da Igreja é *o destino universal dos bens*. Deus quis que os bens da terra fossem para todos. A propriedade privada é um direito, mas seu uso e sua regulamentação devem considerar esse princípio-chave. Todas as pessoas deveriam ter acesso aos bens da vida: terra, teto e trabalho. Não se trata de altruísmo nem de boa vontade, é amor. Os primeiros padres da Igreja afirmaram, claramente, que dar aos pobres é devolver-lhes o que é deles, pois Deus planejou os bens da terra para todos, sem excluir ninguém.

É importante mencionar outros dois princípios da DSI: *solidariedade* e *subsidiariedade*. A solidariedade legitima a nossa interligação: nós nos reconhecemos na relação com as demais criaturas, temos deveres para com os outros, e somos chamados a participar na sociedade. Isso significa aceitar o diferente, perdoar dívidas, acolher os deficientes e trabalhar para que os sonhos e esperanças dos outros sejam também nossos. Já a subsidiariedade faz com que não ludibriemos a ideia da solidariedade, já que implica reconhecer e respeitar a autonomia dos outros, sujeitos capazes de decidir o próprio destino. Os pobres não são objeto das nossas boas intenções, são sujeitos de mudança. Não agimos propriamente para os pobres, mas com eles, como Bento XVI explicou muito bem na segunda parte de sua carta encíclica *Deus Caritas Est* [Deus é amor], de 2007.

Como aplicar esses critérios, nobres mas abstratos, às grandes e pequenas escolhas que fazemos? Isso nos leva ao tipo de reflexão e de oração conhecido como *discernimento de espíritos*. Discernimento quer dizer pensar bem nas nossas decisões e ações, ponderar não como cálculo meramente racional, mas atentos ao Espírito, reconhecendo, em oração, as motivações, os convites e a vontade de Deus. Existe um princípio que, nestes tempos, é importante recordar: ideias são discutidas, mas a realidade é *discernida*.

Isso é difícil para os impacientes, que acham que para cada problema deve haver uma solução técnica, como se fosse simplesmente questão de encontrar a tecla exata. Muitas pessoas religiosas têm dificuldade em relação ao discernimento, principalmente as que são alérgicas a incertezas e desejam reduzir tudo a preto ou branco. E é uma prática quase impossível para os ideólogos, os fundamentalistas e qualquer pessoa que tenha a mente fechada. Mas o discernimento é vital se queremos criar um futuro melhor.

O coronavírus acelerou uma mudança de época que já vinha se desenhando. Ao falar de mudança de época, não quero dizer apenas que este é um tempo de mudança, mas que os parâmetros, suposições e modelos que antes serviam como base para nossas ações já não funcionam mais. Estamos passando agora por situações que jamais imaginamos que iriam acontecer — o colapso ambiental, uma pandemia global, o retorno dos populismos — e o que antes considerávamos normal vai deixar de ser parte da nossa realidade. É uma ilusão pensar que podemos voltar ao ponto em que estávamos. Toda tentativa de restauração sempre nos leva a um beco sem saída.

Diante dessa incerteza, devemos resistir à sedução presente nas ideologias e em uma mentalidade rígida. O fundamentalismo é um meio de unir o pensamento e o comportamento como se fosse um refúgio que teoricamente consegue proteger alguém da crise. Com os fundamentalismos, as pessoas ficam "protegidas" de situações desestabilizadoras em troca de certo "quietismo existencial". Eles oferecem uma atitude e um pensamento único, fechado, para substituir o tipo de pensamento que abre o indivíduo à verdade. A pessoa que se refugia no fundamentalismo tem medo de sair em busca da verdade. Ela já "tem" a verdade e a utiliza como defesa, interpretando qualquer questionamento como uma agressão.

O discernimento, por outro lado, nos permite mudar de contextos e situações específicas enquanto seguimos em busca da verdade. A verdade se revela a quem se abre a ela. Verdade, na sua concepção grega, *aletheia*, significa o que se revela. Já a interpretação hebraica *emet* une o sentido do verdadeiro com a fidelidade, com o que está certo, o firme, o que não engana nem desaponta. A verdade tem essa dupla componente. Quando as coisas e as pessoas manifestam sua essência, nos oferecem a certeza da sua verdade, a evidência confiável que nos convida a acreditar nelas. Para nos abrir a essa espécie de certeza, precisamos de pensamento humilde, deixar espaço para esse delicado encontro com o bem, a verdade e a beleza.

Aprendi esse modo de pensar com Romano Guardini. Seu estilo me cativou, sobretudo no livro *The Lord*. Guardini me mostrou a importância do pensamento incompleto, inacabado, que nos leva até certo ponto e depois nos convida a parar e contemplar. Ele cria um espaço para encontrarmos a verdade. Um pensamento fecundo deveria ser sempre inacabado, para dar lugar a um desenvolvimento subsequente. Com Guardini, aprendi a não exigir certezas absolutas, pois isso é sinal de um espírito ansioso. Sua sabedoria me permitiu enfrentar problemas complexos que não podem ser resolvidos simplesmente com normas, mas com um estilo de pensamento que permite passar pelos momentos de conflito sem ficar preso neles.

O modo de pensar que propõe nos abre ao Espírito e ao discernimento de espíritos. O discernimento precisa de abertura. Se você não se abre, não consegue discernir. Daí minha alergia aos moralismos e intelectualismos que procuram resolver todos os problemas apenas com receitas, normas, equações. Como também tenho a mesma alergia ao relativismo, que é a camuflagem intelectual para justificar o egoísmo. Como Guardini, acredito em verdades objetivas e em princípios sólidos. Agradeço pela solidez da tradição da Igreja, fruto de séculos de pastoreio da humanidade e de *fides quaerens intellectum*, a fé que busca a compreensão e a lógica. Como John Henry Newman, que declarei santo em outubro de 2019, vejo a verdade sempre mais além de nós, mas nos chamando por meio da nossa consciência. É como uma "luz amável" que normalmente não chega através da razão, "mas pela imaginação, por impressões diretas, pelo testemunho dos fatos e dos acontecimentos, através da história e da descrição", como ele escreveu em *Grammar of Assent*. Newman estava convencido, como eu estou, de que, se aceitarmos o que, à primeira vista, podem parecer verdades contraditórias, e confiarmos nessa luz amável que nos guia, um dia veremos a verdade maior, que ainda não conhecemos. Gosto de pensar que não possuímos a verdade, mas que a verdade nos possui e constantemente nos atrai com sua beleza e bondade.

Essa é uma abordagem da verdade muito distinta da epistemologia da pós-verdade, que exige que escolhamos de que lado estamos, em vez de escutarmos a evidência. Contudo, não significa pensar em formas fixas, fechadas a novas possibilidades; engloba as duas coisas: um elemento de concordância e um elemento de busca contínua. Essa tem sido a tradição da Igreja, cuja compreensão e crenças se expandiram e consolidaram ao longo do tempo, como reflexo de sua abertura ao Espírito, de acordo com o famoso princípio enunciado no século V por São Vicente de Lérins: "Para que se consolide com os anos, se dilate com o tempo, se sublime com a idade."[7]

A tradição não é um museu, a verdadeira religião não é um congelador e a doutrina não é estática, mas cresce e se desenvolve, como uma árvore que permanece a mesma mas fica cada vez maior e produz sempre mais frutos. Há quem afirme que Deus falou uma vez e para sempre — em geral apenas da maneira e da forma que essas pessoas conhecem e dominam. Ouvem a palavra "discernimento" e temem que seja uma maneira sofisticada de ignorar as regras ou alguma artimanha moderna para corromper a verdade, quando é o contrário. O discernimento é tão antigo quanto a Igreja. Resulta da promessa de Jesus aos seus discípulos de que, depois da sua partida, o Espírito "encaminhará vocês para toda a verdade!" (Jo 16, 13). Não há contradição entre estar solidamente enraizado na verdade e, ao mesmo tempo, aberto a uma compreensão maior. O Espírito continua a nos guiar, em todas as épocas, em nossa tradução da Boa-nova, sob diversas circunstâncias, para que as palavras de Jesus continuem a ressoar no coração de homens e mulheres de todos os tempos. Por isso gosto de citar a afirmação de Gustav Mahler: "A tradição não é o culto das cinzas, mas a preservação do fogo."

O Espírito nos mostra coisas novas, por meio daquilo que a Igreja chama de "sinais dos tempos". Discernir os sinais dos tempos nos permite dar sentido à mudança. Interpretando e rezando por acontecimentos ou tendências à luz do Evangelho, podemos detectar movimentos que refletem os valores do Reino de Deus ou seus opostos.

Em todas as épocas, as pessoas experimentam "fome e sede de justiça" (Mt 5, 6), um grito que se eleva desde as periferias da sociedade. Se discernimos nesses anseios uma expressão do espírito de Deus, podemos nos abrir a esse movimento, tanto no pensamento quanto na prática, e assim criar um futuro novo segundo o espírito das Bem-aventuranças.

Por exemplo, um triste sinal dos nossos tempos é a exclusão e o isolamento dos idosos. Boa parte das mortes por Covid-19 foi observada em casas de repouso. Os que morreram eram vulneráveis, não apenas pela idade, mas por conta das condições em muitos desses abrigos: falta de recursos, pouca atenção, muitas mudanças de pessoal, baixa remuneração dos funcionários. Eu costumava visitar com frequência os lares de idosos em Buenos Aires, onde os cuidadores fazem um trabalho incrível, apesar de tantos obstáculos. Lembro-me de que uma vez me contaram que muitos dos idosos que ali viviam não recebiam visitas de seus familiares havia mais de seis meses. O abandono dos idosos é uma enorme injustiça.

A Escritura nos diz que os idosos são as nossas raízes, a nossa fonte, o nosso amparo. O profeta Joel ouve a promessa de Deus de derramar Seu Espírito para renovar Seu povo: "Os filhos e as filhas de vocês se tornarão profetas; entre vocês, os velhos terão sonhos e os jovens terão visões" (Jl 3, 1). O futuro nascerá do encontro entre jovens e idosos. Como diz o poeta Francisco Luis Bernárdez, meu compatriota: "No fim de tudo, compreendi que o que a árvore tem de florido vive do que tem sepultado."[8] Uma árvore separada de suas raízes não somente não dá flores nem frutos, mas seca. Então aqui há dois males com a mesma origem: o abandono dos idosos, privados da visão dos jovens, e o empobrecimento dos jovens, privados dos sonhos dos idosos; uma sociedade que se torna seca, estéril, sem frutos.

À luz do Evangelho e dos nossos princípios sociais católicos — solidariedade, subsidiariedade, opção pelos pobres, destino universal dos bens —, é impossível não sentir a necessidade de fazer tudo para encurtar essas distâncias, para que assim as gerações se encontrem. Como voltamos a acolher os idosos nas famílias e restauramos seu contato com os jovens? Como oferecemos aos jovens raízes para que possam profetizar, abrir espaço para o crescimento? É aqui que entra o discernimento: o que isso significa para mim e para a minha família? O que isso significa para as nossas políticas públicas? Poderíamos perguntar o mesmo sobre os jovens desempregados, sem oportunidades de estudar, muitas vezes arrastados para o triste mundo das drogas.

Podemos sentir o chamado do Espírito: identificar os idosos que moram sozinhos perto de nós e pensar como, junto a outras pessoas, poderíamos lhes oferecer nossa amizade. Ou talvez seja possível assegurar que essas casas de repouso funcionem quase como uma família, que tenham os recursos necessários e estejam integradas à comunidade. Podemos ainda analisar a situação mais a fundo, nos perguntar o que fizemos estruturalmente para terminar assim, considerar as pressões que o trabalho e a família exercem, a ponto de convencer as pessoas de que não é possível que os idosos vivam com elas.

Vemos a realidade, discernimos e descobrimos ali um sinal de Deus. Não afirmamos ter as respostas, mas, usando os critérios do Evangelho e a inspiração do Espírito, o discernimento nos ajuda a ouvir o convite do Senhor e segui-lo. Dessa forma, nossa vida se torna mais rica e profética, e assim conseguimos responder com a profundidade que somente o Espírito Santo pode nos oferecer.

A mudança de época, acelerada pelo coronavírus, é um momento propício para ler os sinais dos tempos. Abriu-se um vão entre as realidades e os desafios que enfrentamos e as soluções disponíveis. Esse vão se torna um espaço para refletir, questionar e dialogar.

Pensemos, por exemplo, na distância entre a necessidade de proteger e regenerar a Mãe Terra e um modelo econômico que considera o crescimento a qualquer preço seu principal objetivo.

É evidente que algumas regiões — áreas de extremo subdesenvolvimento, ou países se recuperando de uma guerra — necessitam que sua economia cresça com rapidez e agilidade para poder atender às necessidades básicas da população. Contudo, nas regiões mais ricas do mundo, a obsessão pelo crescimento econômico constante se tornou um fator de desestabilização, produzindo grandes desigualdades e provocando um desequilíbrio no mundo natural. A expansão ilimitada da produtividade e do consumo supõe o domínio humano absoluto sobre a Criação, mas o desastre ambiental que provoca destruiu os pressupostos desse modo de pensar. Somos parte da Criação, não donos dela — até certo ponto, ela é que nos possui; não podemos viver sem ela. Esta crise é um sinal do nosso tempo.

A pausa provocada pela pandemia inverteu a situação, convidando-nos a parar, a alterar nossas rotinas e prioridades e a perguntar: E se os desafios econômicos, sociais e ecológicos que enfrentamos forem, na realidade, faces diferentes da mesma crise? E se eles tiverem todos uma mesma solução? Será que se nosso objetivo fosse outro, não mais de crescimento, mas de novas formas de nos relacionarmos, poderíamos ter outro tipo de economia que atendesse às necessidades de todos dentro dos limites do nosso planeta?

O passo do discernimento nos permite perguntar: O que o Espírito está nos dizendo? Que graça nos está sendo oferecida, quais são os obstáculos e as tentações? O que humaniza e o que desumaniza? Onde é que está a boa notícia dentro da realidade sombria e onde está o mau espírito disfarçado de anjo de luz? Esses são questionamentos para os que buscam e escutam com humildade, que não se limitam a querer se agarrar às respostas, mas procuram refletir e rezar.

Cuidado com aqueles que afirmam ver claramente o futuro, dotados de certeza e segurança. Nas crises, surgem sempre "falsos messias" que ignoram a liberdade do povo para construir seu futuro, e que se fecham para a ação de Deus na vida e na história de Seu povo. Deus atua na simplicidade dos corações abertos, na paciência daqueles que sabem esperar até conseguirem ver claramente.

Discernindo o que é e o que não é de Deus, começamos a ver onde e como agir. Quando descobrimos onde a misericórdia de Deus está prestes a transbordar, podemos abrir as portas e colaborar com todas as pessoas de boa vontade em prol das mudanças necessárias.

Como se distinguem os espíritos? Eles falam línguas diferentes, têm modos diferentes de tocar nosso coração. A voz de Deus nunca impõe, mas propõe, ao passo que o inimigo é barulhento e insistente e até mesmo monótono. A voz de Deus pode nos corrigir, mas suavemente, sempre encorajando, consolando, nos dando esperança. O mau espírito, em contraponto, nos oferece ilusões brilhantes e sentimentos tentadores, mas passageiros. Explora nossos medos e suspeitas e nos seduz com a riqueza e o prestígio. Se o ignoramos, responde com desprezo e acusação; nos diz que não valemos nada.

A voz do inimigo nos distrai do presente, fazendo com que foquemos em temores do futuro ou feridas do passado. A voz de Deus, por outro lado, fala para o presente, nos ajudando a avançar no momento concreto em que nos encontramos. O que vem de Deus pergunta: "O que é bom para mim, para nós?"

A voz de Deus abre horizontes, ao passo que o inimigo nos empurra contra a parede. Onde o bom espírito me dá esperança, o mau espírito semeia suspeita, ansiedade e culpa. O bom espírito apela para o meu desejo de fazer o bem, de ajudar e servir, me dá força para avançar no caminho certo. Já o mau espírito me fecha em mim mesmo, me torna rígido e intolerante. É o espírito do medo e do ressentimento. Faz com que eu me sinta triste, receoso e irritadiço. Em vez de me libertar, me escraviza. Em vez de me abrir para o presente e para o futuro, me prende no temor e na resignação.

Aprender a distinguir esses dois tipos de "voz" faz com que optemos pelo caminho certo a seguir, que nem sempre é o mais óbvio, e com que evitemos tomar decisões enquanto apegados a feridas do passado ou a temores do futuro que nos paralisam.

Um sinal é algo que chama a atenção. Um sinal de esperança nesta crise é o protagonismo das mulheres.

As mulheres foram as mais afetadas e as mais resilientes nesta crise. São as que em geral ocupam os cargos na linha de frente de combate à pandemia — em nível mundial, cerca de 70% dos que trabalham na saúde são mulheres —, mas também são as que, por sua participação no setor informal ou não remunerado, sofrem o impacto econômico mais forte.

De forma geral, os países com mulheres como presidentes ou primeiras-ministras reagiram melhor e de modo mais ágil do que outros, tomando decisões com rapidez e comunicando-as com empatia.

No que esse sinal nos leva a pensar? O que o Espírito poderá estar querendo nos dizer?

Penso na fortaleza das mulheres no Evangelho, depois da morte de Jesus. Não se deixaram paralisar pela tragédia nem fugiram. Por amor ao Mestre, foram ao túmulo a fim de O ungir. Como tantas mulheres nesta pandemia, foram capazes de manter o controle, superando os obstáculos que a situação lhes impunha e mantendo viva a esperança nas suas famílias e na comunidade. Por isso foram as primeiras a receber a notícia espantosa: "Ele não está aqui. Ressuscitou" (Mt 28, 6). Foi às mulheres que o Senhor anunciou primeiro a Vida Nova, porque estavam presentes, atentas e abertas a novas possibilidades.

Seria possível que a perspectiva trazida pelas mulheres nesta crise seja aquilo de que o mundo necessita neste momento para enfrentar os desafios que se aproximam?

Será que o Espírito está nos inspirando a reconhecer, valorizar e integrar o novo pensamento que algumas mulheres estão trazendo neste momento? Penso particularmente em mulheres economistas cujo pensamento inovador tem especial relevância para esta crise. Seu apelo por uma reestruturação dos padrões que usamos para gerir a economia vem chamando a atenção. A perspectiva delas nasceu da sua experiência prática com a economia "real", que, dizem elas, lhes abriu os olhos para a inadequação das teorias econômicas clássicas. Muitas vezes, foi seu serviço não remunerado ou informal, sua experiência com a maternidade ou as tarefas domésticas que, somadas ao trabalho acadêmico de alto nível, fizeram com que reconhecessem as falhas dos modelos econômicos dominantes nos últimos setenta anos.

Não quer dizer que eu as considere todas iguais só por serem mulheres. Cada uma é diferente das outras, e não há dúvida de que discordam acerca de muitas coisas. Contudo, é impressionante como essas economistas influentes colocam o foco em áreas postas de lado durante muito tempo pelo pensamento dominante, tais como o cuidado com a Criação e os pobres, o valor das relações não comerciais e do setor público, bem como a contribuição da sociedade civil para o bem-estar. Eu as vejo promover uma economia mais "maternal", não focada apenas no crescimento e no lucro, mas que questione como os modelos econômicos podem ser pensados para ajudar as pessoas a participar da sociedade e a prosperar. Defendem uma economia que sustenta, protege e regenera, que não se limita a regular e a arbitrar. Tais ideias, durante muito tempo tidas como idealistas e irrealistas, parecem agora visionárias e relevantes.[9]

O livro *The Value of Everything*, de Mariana Mazzucato, me fez refletir muito. Fiquei impressionado com o modo como os êxitos empresariais, louvados no nosso pensamento econômico como resultado do esforço ou gênio individuais, são na realidade fruto de investimentos públicos massivos em pesquisa e educação. Contudo, os acionistas obtêm lucros enormes, e o Estado é olhado como uma carga para o mercado. Ou penso em Kate Raworth, economista da Universidade de Oxford, que fala de "economia donut": como criar uma economia distributiva, regenerativa, que tira as pessoas do "buraco" da destituição e evita o "teto" dos estragos ambientais. Como Mazzucato, ela questiona a obsessão impensada da nossa cultura pelo crescimento do Produto Interno Bruto (PIB) como único e mais importante objetivo dos economistas e agentes políticos. Eu poderia mencionar outros nomes, mas conheço essas duas economistas de forma especial por causa de suas contribuições para o pensamento do Vaticano sobre um futuro pós-pandemia.

Não me compete avaliar suas teorias — não sou qualificado para tal —, mas avaliar o *éthos* desse pensamento. Vejo ideias formadas a partir de sua experiência na periferia, refletindo uma preocupação com a desigualdade escandalosa que existe quando bilhões enfrentam a privação enquanto o 1% mais rico do mundo possui metade da riqueza financeira do planeta. Vejo a atenção à vulnerabilidade humana e o desejo de proteger o meio ambiente, identificando a poluição como um custo a ser compensado no balanço geral. Vejo a preocupação com as economias que ampliam o acesso ao emprego e que valorizam mais o trabalho que gera riqueza não apenas para os acionistas, mas também para a sociedade. Vejo um pensamento que não é ideológico, que se afasta da polarização do capitalismo de mercado livre e do socialismo estatal, e que se centra na preocupação de que todos tenham acesso à terra, ao teto e ao trabalho. Todos esses pontos estão relacionados a prioridades do Evangelho e a princípios da doutrina social da Igreja. Dessa forma, é razoável ver esse "repensar" de mulheres economistas como um sinal dos tempos, e deveríamos prestar atenção ao que apontam.

A atitude de discernimento supõe também estar consciente das tentações que nos distraem da mensagem do Espírito, tentações que podem nos levar a becos sem saída. As tentações podem ser detectadas pela sua rigidez e uniformidade. Onde o Espírito está presente, há sempre um movimento visando à unidade, mas nunca à uniformidade. O Espírito conserva sempre a legítima pluralidade de diferentes grupos e pontos de vista, reconciliando-os na sua diversidade. Assim, se um grupo ou uma pessoa insistisse que o seu é o único modo de "ler" um sinal, isso deveria ser percebido como um alarme.

Por exemplo, uma tentação do pensamento rígido consiste em reduzir a pessoa à sua função. Um erro funcionalista pode levar a crer que a integração da perspectiva das mulheres significa *necessariamente* nomear mais mulheres para cargos executivos, porque somente quando as mulheres tiverem mais "poder" é que suas perspectivas poderão ganhar terreno. Mas se a contribuição das mulheres também *questiona* as conjecturas do poder, essa associação imediata de que uma mulher na liderança mudará a cultura de uma instituição cai por terra. Isso é muito maior do que qualquer cargo ou responsabilidade que possam ter. Para mim é óbvio que mulheres qualificadas devem ter igual acesso a liderança, salários equivalentes e outras oportunidades; esse direito foi uma das grandes conquistas sociais dos tempos modernos. Mas vale a pena indagar se existem outras maneiras de permitir que as perspectivas das mulheres questionem pressupostos existentes.

Isso é algo que tem me preocupado em Roma: como integrar melhor a presença e a sensibilidade das mulheres nos processos de tomada de decisões no Vaticano. Para mim, o desafio tem sido criar espaços nos quais as mulheres possam liderar, mas de forma que consigam moldar a cultura, se assegurando de que sejam valorizadas, respeitadas e reconhecidas. As mulheres que nomeei estão lá devido às suas qualificações e experiência, mas também para influenciar a visão e a mentalidade da burocracia da Igreja. Em muitos casos, convidei mulheres para serem consultoras de organismos do Vaticano, para que atuem no Vaticano e ao mesmo tempo conservem sua independência da instituição. Mudar a cultura institucional é um processo orgânico, que exige integrar as perspectivas femininas sem as clericalizar.[10]

Já faz algum tempo que as mulheres têm ocupado cargos importantes no Vaticano. Por exemplo, no Dicastério para os Leigos, a Família e a Vida, as duas subsecretárias — chefes de seção, encarregadas dos assuntos do departamento — são mulheres. A diretora dos Museus do Vaticano é uma mulher. Mas o cargo mais elevado está na Secretaria de Estado, em que a subsecretária da Seção para as Relações com os Estados é uma mulher. Ela é a responsável pelas relações da Igreja com organismos multilaterais, tais como as Nações Unidas e o Conselho da Europa.[11]

Nomeei outras mulheres para cargos relevantes, mas como essas nomeações foram feitas uma de cada vez, ao longo de vários anos, não chamaram muita atenção. Mas quando, em 2020, nomeei de uma só vez seis mulheres para o Conselho para a Economia do Vaticano, essas indicações viraram notícia. Num corpo responsável por vigiar a gestão e as políticas financeiras do Vaticano, constituído por sete cardeais e sete leigos, é marcante o fato de seis dos leigos serem mulheres. Escolhi-as por suas qualificações, mas também porque creio que, em geral, as mulheres são melhores administradoras do que os homens. Entendem melhor os processos, sabem como tocar os projetos. De modo que, nesses casos, não só apresentavam a competência e a formação profissional de que necessitávamos — que muitos dos homens também tinham —, como também tinham experiência pessoal de organização da vida diária em múltiplos aspectos, como mães, donas de casa e integrantes de grupos de discussão.

Descrever as mulheres como "donas de casa" muitas vezes é considerado degradante, e por vezes é usado como ofensa. Mas, em português, dona de casa tem o significado do grego *oikos* e *nomos*, de onde deriva a palavra "economia": a arte de gerir um lar. Gerir um lar não é uma tarefa pequena; implica fazer diversas coisas ao mesmo tempo, ser flexível, conciliar interesses diferentes e ter certa astúcia. As donas de casa falam três línguas, ao mesmo tempo: a da mente, a do coração e a das mãos.

Na minha vivência pastoral, em diferentes núcleos da Igreja, algumas das recomendações mais sensatas foram feitas por mulheres capazes de ver de diferentes ângulos, e que eram, sobretudo, *práticas*. Elas tinham uma compreensão realista de como as coisas funcionam e das limitações e do potencial das pessoas. Antes de ser Papa, como Arcebispo de Buenos Aires, a diretora financeira, a chanceler e a chefe do Arquivo Diocesano eram mulheres. Na minha experiência, descobri que o assessoramento das mulheres nos conselhos pastorais e administrativos era mais valioso do que o de muitos homens.

Quero deixar claro que um papel ampliado para as mulheres na liderança da Igreja não depende do Vaticano e não se limita a papéis específicos. Talvez por causa do clericalismo, que é a corrupção do sacerdócio, muita gente pense erroneamente que a liderança da Igreja é exclusivamente masculina. Mas se você for a qualquer diocese do mundo, verá mulheres dirigindo departamentos, escolas, hospitais e muitas outras organizações e programas; em algumas regiões, encontrará muito mais mulheres na liderança do que homens. Na Amazônia, as mulheres — leigas e irmãs religiosas — dirigem comunidades eclesiais inteiras. Dizer que não são verdadeiramente líderes porque não são padres é clericalismo e falta de respeito.

Para sonhar um futuro diferente, devemos escolher a fraternidade acima do individualismo como princípio organizacional. A fraternidade, o sentimento de pertencermos uns aos outros e ao todo é a capacidade de nos unirmos e trabalharmos juntos com um horizonte partilhado de possibilidades. Na tradição jesuíta, chamamos isso de *união de mentes e corações*. Tal unidade permite que as pessoas atuem como Corpo, apesar dos diferentes pontos de vista, da separação física e do ego humano. Essa união conserva e respeita a pluralidade, convidando todos a contribuir, a partir de suas diferenças, como uma comunidade de irmãos e irmãs preocupados uns com os outros.

Nós necessitamos seriamente desse tipo de unidade. A pandemia expôs o paradoxo de que, embora estejamos mais interconectados, também estamos mais divididos. A febre do consumismo rompe os vínculos de pertencimento. Faz com que nos centremos na autopreservação e nos deixa ansiosos. Os nossos medos são exacerbados e explorados por determinada política populista que busca poder sobre a sociedade. É difícil construir uma cultura do encontro, na qual possamos nos conectar como pessoas com uma dignidade partilhada, enquanto estamos dentro de uma cultura do descarte, que olha para os idosos, para os desempregados, para os deficientes e para aqueles que ainda nem nasceram como entraves ao nosso bem-estar. Por isso escrevi recentemente uma carta a todas as pessoas de boa vontade, inspirada em São Francisco de Assis, na esperança de reativar o desejo da fraternidade.[12]

Antes de falar sobre a forma como podemos transpor algumas das brechas e divisões na nossa sociedade, a fim de construir a paz e o bem comum, precisamos considerar a "consciência isolada", que atua como um obstáculo importante à união de mentes e corações. Se eu falar sobre como isso funciona na Igreja, talvez seja possível aplicar à sociedade em geral e a outras organizações.

Seja qual for o contexto social, é importante perceber o efeito da tentação do mau espírito, que nos leva a nos separarmos do Corpo ao qual pertencemos, fazendo com que nos fechemos em nossos interesses e pontos de vista, através da suspeita e da suposição. E entender como essa tentação acaba por nos encouraçar, nos tornando indivíduos que vivem se lamentando, desdenhando dos outros, julgando que somos os únicos donos da verdade.[13]

Na história da Igreja, sempre houve grupos que acabaram na heresia, por causa dessa tentação do orgulho que os fez sentir superiores ao Corpo de Cristo. Nas últimas décadas, depois do Concílio Vaticano II (1962-1965), tivemos ideologias revolucionárias, seguidas por outras restauracionistas. De qualquer forma, o que as caracteriza é a rigidez. A rigidez é sinal de que o mau espírito está escondendo alguma coisa. E o que está escondido pode não ser revelado por muito tempo, até que surja algum escândalo. Vimos como tantos grupos da Igreja, em anos recentes — movimentos quase sempre caracterizados por sua rigidez e seu autoritarismo —, acabam caindo nisso. Seus líderes e membros se apresentavam como restauradores da doutrina da Igreja, mas o que mais tarde viemos a saber da vida de cada um deles nos diz o contrário. Por trás de cada grupo que procura impor sua ideologia à Igreja, achamos a mesma rigidez. Mais cedo ou mais tarde, haverá alguma revelação chocante envolvendo sexo, dinheiro e controle psicológico.

O que se esconde é uma tentativa de se apegar a alguma coisa que temos medo de perder, algo que alimenta o ego: o poder, a influência, a liberdade, a segurança, o *status*, o dinheiro, a propriedade, ou alguma combinação dessas coisas. O medo de perder essa "coisa adquirida", como define Santo Inácio, faz com que eu me agarre a ela com mais força, de tal maneira que, se me pedem que a deixe para me unir a uma missão, o espírito de suspeita e de suposições começa a me dar razões para me fechar, ocultando meus apegos e justificando-os muitas vezes com as falhas dos outros. Pouco a pouco, à medida que abraço essas "razões" que justificam meu isolamento, meu coração endurece e meu compromisso com tais razões aumenta, transformando-as em uma ideologia.[14]

Assim, entre católicos de consciência isolada, nunca há escassez de razões para criticar a Igreja, os bispos, ou o Papa: ou somos retrógrados ou nos rendemos à modernidade; não somos o que devíamos ser ou o que, supostamente, já fomos. Desse modo, justificam seu isolamento e separação da caminhada do Povo de Deus. Em vez de se lançarem à grande tarefa de evangelizar nosso mundo, em comunhão com o Corpo, ficam aninhados em seu grupo de puristas, guardiões da verdade. Para essas pessoas, apartadas pela consciência isolada, nunca faltam razões para ficar na sacada, enquanto a vida real se desenrola embaixo.

Dessa forma se dissemina a semente da divisão. Uma abertura caridosa aos outros é substituída por um apego à suposta superioridade das próprias ideias. A unidade é minada pela batalha entre diferentes partidos que se esforçam por impor a hegemonia de suas ideias. Sob a bandeira da restauração ou da reforma, as pessoas fazem longos discursos e escrevem artigos sem fim, oferecendo esclarecimentos doutrinais, ou manifestos que refletem apenas a obsessão de pequenos grupos. Entretanto, o povo congregado por Deus avança, nas pegadas de Jesus, sem deixar de ver as falhas da Igreja, mas feliz por fazer parte de Seu Corpo, confessando seus pecados e implorando a misericórdia. O Povo de Deus reconhece as próprias falhas e pecados e é capaz de pedir perdão, porque se reconhece um povo que sentiu os efeitos da misericórdia.

Essas falhas e limitações são conhecidas. Algumas pessoas têm experiências dolorosas que tornam compreensível sua desconfiança da Igreja. O que me preocupa aqui é a condição espiritual expressa na arrogância de crer que a Igreja necessita ser salva de si mesma, e que trata a Igreja como se fosse uma corporação na qual os sócios podem exigir uma mudança de gerência. Isso é uma versão do mundanismo espiritual. Os que afirmam haver muita "confusão" na Igreja, e que somente este ou aquele grupo de puristas ou tradicionalistas são confiáveis, semeiam a divisão do Corpo. Isso também é mundanismo espiritual. O mesmo acontece com aqueles que dizem que, enquanto a Igreja não ordenar mulheres, como prova de seu compromisso com a igualdade de gênero, a paróquia local ou o bispo não poderão contar com a sua cooperação. Aparentemente, são razões fundamentadas, mas disfarçam o espírito da consciência isolada, que se nega a agir como discípulo de Cristo, dentro da Sua Igreja.

Jesus não fundou a Igreja como uma cidadela de puros nem como um desfile constante de heróis e santos, embora, graças a Deus, eles existam em grande número. É algo muito mais dinâmico: uma escola de conversão, um lugar de combate espiritual e de discernimento, onde há abundantes graças, mas também pecados e tentações. Como seus membros, a Igreja pode ser um instrumento da misericórdia de Deus, porque ela precisa dessa misericórdia. Por isso, nenhum de nós deveria rejeitar outras pessoas por conta de seus pecados e falhas, mas ajudá-las a se tornarem o que Deus deseja para elas. Os seguidores de Cristo deveriam amar e escutar a Igreja, edificá-la e responsabilizar-se por ela, com seus pecados e falhas. Em momentos em que a Igreja se mostra fraca e pecadora, é nosso papel ajudá-la a se reerguer; não a condenemos ou desdenhemos dela, mas cuidemos, como cuidamos da nossa própria mãe.

É difícil para a consciência isolada tratar os outros com misericórdia, porque ela rejeita tal misericórdia, pelo menos na prática. O exemplo bíblico de um eu sitiado é o profeta Jonas. Deus envia Jonas a Nínive, a fim de convidar o povo a se arrepender, mas Jonas não faz nada disso, e foge para Társis. Na realidade, aquilo de que Jonas foge é da misericórdia de Deus para com Nínive, que não condiz com seus planos e suas ideias. Para Jonas, Deus veio uma vez, deu a sua lei e "do resto cuidarei eu", diz o profeta a si mesmo. Em sua mente, ele estava salvo e os ninivitas, não; ele possuía a verdade e eles, não; era ele quem estava no comando, e não Deus. Ele cercou sua alma com o arame farpado de suas certezas, dividindo o mundo em bons e maus e fechando as portas à ação de Deus. Como endurece o coração do eu sitiado quando entra em contato com a misericórdia de Deus!

Infelizmente, hoje em dia, muitas pessoas agem como Jonas antes de amolecer. Nesse mundo fechado dos eus sitiados, reclamam e desprezam; e, sentindo sua identidade ameaçada, se envolvem em batalhas — on-line e pessoalmente — com o objetivo de se sentirem mais seguros.

Vale a pena notar com que rapidez a consciência isolada se deteriora, espiritual e psicologicamente. Tendo as separado do Corpo do Povo de Deus, o demônio continua a alimentar as falácias e meias-verdades de tais pessoas, o que as enclausura ainda mais na Társis de sua presunção. (O diabo não tenta somente com mentiras. Muitas vezes, uma meia-verdade ou uma verdade desprovida de fundamentação espiritual chega a atuar melhor, porque dificulta ainda mais a comunicação das pessoas.) Essas pessoas acabam equiparando doutrina a ideologia, e suas suspeitas e suposições as conduzem a teorias de conspiração, vendo tudo através de uma lente distorcida. Desse modo, abandonada a si mesma, a consciência isolada pode acabar acreditando em fantasias estranhas, sem necessidade de provas.

Por exemplo, no Sínodo sobre a Amazônia, em Roma, em outubro de 2019, alguns grupos da Igreja e seus meios de comunicação relataram a presença de indígenas seguindo uma interpretação distorcida. O que foi bonito naquele Sínodo — o respeito à cultura indígena e a presença de nativos nos momentos de oração — acabou deformado em acusações infundadas de paganismo e sincretismo. Embora no interior do encontro nem estivéssemos de fato cientes disso, não faltavam distúrbios no lado de fora. A indignação da consciência isolada começa no irrealismo, passa por fantasias maniqueístas que dividem o mundo em bons e maus (com eles, naturalmente, sempre do lado dos bons) e termina em diversos tipos de violência: verbal, física etc.

Não existe vacina contra a consciência isolada dessas pessoas ensimesmadas, mas há um antídoto. Pode ser adquirido livremente e não custa nada, a não ser nosso orgulho. A "acusação de si mesmo" é uma noção simples estabelecida no século VI por um monge do deserto, Doroteu de Gaza, e inspirada na sabedoria dos padres do deserto, que mostravam como Deus nunca nos deixa sozinhos nas tentações. Ao acusarmos a nós mesmos, nós nos "rebaixamos", abrindo espaço para que a ação de Deus nos una. Assim, do mesmo modo que a consciência isolada acusa os outros, a unidade é fruto de acusarmos a nós mesmos. Em vez de se justificar — o espírito de autossuficiência e arrogância —, a acusação de si mesmo expressa aquilo que, nas Bem-aventuranças, Jesus chama de pobreza de espírito. É o contraste entre o cobrador de impostos e o fariseu, descrito em Lucas 18, 9-14: o cobrador de impostos orava, dizendo "Meu Deus, tem piedade de mim, que sou pecador", ao passo que o fariseu — que agradece a Deus por não ser como os outros — é incapaz de rezar.

Essa atitude de "se rebaixar" imita o ato de se humilhar e se aproximar da Palavra de Deus, a *synkatabasis*. É a humildade de confessar as nossas falhas; não para nos punirmos — que seria cometer o mesmo erro de nos colocar em comando —, mas para reconhecer nossa dependência de Deus e nossa necessidade da Sua graça. Em vez de acusar os outros por seus erros e limitações, acho algum erro ou atitude em mim mesmo. E então me volto para o meu Criador e meu Deus e Lhe peço a graça de que preciso para avançar, confiando que Ele me ama e cuida de mim. Em vez de me fechar a Deus, abro a porta para que Ele aja em mim e através de mim, porque Deus nunca se impõe à nossa liberdade; deve ser convidado a entrar. E, quando isso acontece, em vez de achar defeitos no meu irmão ou irmã, passo a ver nele ou nela alguém que também precisa de ajuda, e me ofereço para servi-los.

Ao acusar a mim mesmo, confiando na misericórdia de Deus, o mau espírito é exposto e perde o controle. Muitas vezes, o que nos divide não é resultado de ter diferentes pontos de vista, mas do mau espírito por trás desses pontos de vista, que se esconde na espiral contagiosa da acusação e contra--acusação. Se aquilo que me separa do meu irmão ou irmã é o meu espírito de arrogância e superioridade (e também o deles), o que nos une é a nossa vulnerabilidade partilhada, nossa mútua dependência de Deus e dos outros. Já não somos rivais, mas membros da mesma família. Podemos discutir e discordar, mas já não ficamos presos numa espiral viciosa de antagonismo mútuo. Não pensamos o mesmo, mas somos parte do mesmo Corpo, caminhando juntos.

Assim como Jonas é o ícone da consciência isolada, o cobrador de impostos Zaqueu (Lucas 19, 1-10) é o grande exemplo de uma pessoa que renuncia ao seu isolamento. Zaqueu era cobrador de impostos e vivia do seu povo. Mas quando Jesus foi a sua cidade, ele subiu em uma árvore para poder ver o filho de Deus; havia nele um desejo de se libertar da fria solidão a que sua consciência isolada o conduzia. Jesus convida Zaqueu a descer da sua autossuficiência para se juntar ao povo, e Zaqueu promete pôr sua riqueza a serviço dos outros. Ele aceita a misericórdia e se deixa transformar por ela. Fica livre para construir um novo futuro, lado a lado com o povo, ali embaixo, na luta paciente que afasta a arrogância.

A acusação dos outros ignora Deus; a acusação própria nos abre a Ele. Diante de Deus, nenhum de nós é inocente, mas todos somos perdoados quando reconhecemos e nos arrependemos do nosso pecado e sentimos vergonha dos nossos erros. Desse modo, deixamos de ver nossos opositores como inimigos. A acusação de si mesmo é o anticorpo para o vírus da consciência isolada, e a humildade diante de Deus é a chave para a fraternidade e a paz social.

Não deixe que o mal que leva a pensar que outra pessoa tenha cometido um mal desencadeie sua queda à consciência isolada. Como afirma Doroteu: "As suspeitas e as suposições estão cheias de malícia, e nunca deixam a alma em paz."[15]

À medida que o debate público passa cada vez mais a ser dominado intensamente pelo eu sitiado — ansioso, controlador, facilmente ofendido e cheio de justificativas —, nossa sociedade corre o risco de se tornar cada vez mais dividida e fragmentada. A Igreja não é imune a esse contágio. Como devemos agir em contextos de polarização, quando a política, a sociedade e a mídia por vezes parecem ser uma competição de quem fala mais alto, em que os oponentes procuram "cancelar" uns aos outros enquanto disputam o poder? A violência verbal crescente reflete a fragilidade do egoísmo, um desenraizamento, uma realidade em que se encontra segurança no descrédito de outros, por meio de narrativas que fazem com que nos sintamos justos e nos dão razões para silenciar outras pessoas. A ausência de diálogo sincero na nossa cultura pública faz com que seja cada vez mais difícil criar um horizonte partilhado, rumo ao qual podemos caminhar juntos.

Quando se instala a paralisia da polarização, a vida pública é reduzida a discussões violentas entre facções que buscam a supremacia. Em meu discurso no Congresso dos Estados Unidos, em 2015, enfatizei a tentação de um reducionismo simplista que apenas vê o bem e o mal, ou os justos e os pecadores — a síndrome de Jonas, que mencionei anteriormente. Disse ao Congresso: "O mundo contemporâneo, com as suas feridas abertas que tocam muitos dos nossos irmãos e irmãs, exige que enfrentemos toda forma de polarização que o possa dividir entre estes dois campos. Sabemos que, na ânsia de nos libertar do inimigo externo, podemos ser tentados a alimentar o inimigo interno."[16]

Falei do "inimigo interno" porque a polarização tem também uma raiz espiritual. É exaltada e exacerbada por alguns veículos de mídia e políticos, mas nasce no coração. Quando estamos num ambiente polarizado, temos que ter consciência do mau espírito, que entra na divisão e cria uma espiral perversa de acusação e contra-acusação. Um antigo termo para designar o diabo é "o Grande Acusador". Aqui, na violência verbal, na difamação e na crueldade supérflua, achamos seu esconderijo. É melhor não entrar. Não discuta ou dialogue com o Acusador, porque isso é entrar na sua lógica, na qual os espíritos estão disfarçados de razões. É necessário resistir a ele por outros meios, expulsá-lo, como fez Jesus. Da mesma forma que o coronavírus, se o vírus da polarização não pode ser passado de hospedeiro para hospedeiro, ele desaparece gradualmente.

Em vez de nos deixarmos enredar no labirinto da acusação e contra-acusação, que esconde o mau espírito num tecido de falsas razões e justificativas, precisamos permitir que o mau espírito se manifeste. É isso que Jesus nos ensina, do alto da Cruz. Com mansidão e impotência, ele forçou o diabo a se mostrar: o Acusador confunde o silêncio com fraqueza e redobra seu ataque, revelando sua fúria e, por conseguinte, quem é.

Contudo, nossa principal tarefa não é evitar a polarização, mas nos comprometermos com o conflito e as discordâncias, de maneira a precaver que degenerem em polarização. Isso significa solucionar divisões ao permitir uma nova forma de pensar que possa transcender essa divisão. Dessa maneira, as divisões não geram polarizações estéreis, mas produzem valiosos novos frutos. Essa é uma tarefa vital para este tempo de crise, em que, confrontados com enormes desafios, que devem ser atacados em muitas frentes ao mesmo tempo, precisamos praticar a arte do diálogo cívico, sintetizando diferentes pontos de vista num plano maior.

Esse tipo de política é mais do que fazer campanha e debates, quando o objetivo é persuadir e derrotar. É mais semelhante a um ato de caridade, no qual procuramos soluções em conjunto, para benefício de todos. Para essa missão, precisamos da humildade necessária para abandonar o que agora vemos como errado e de coragem para acolher outros pontos de vista que contenham elementos de verdade.

A tarefa de "suportar" o desacordo, e transformá-lo em elo de um novo processo, é uma missão valiosa para todos. Quando Jesus disse "Felizes os que promovem a paz" (Mt 5, 9), certamente se referia a essa missão.

Guardini me deu uma nova percepção de como enfrentar os conflitos, analisando sua complexidade e evitando qualquer simplificação. Existem diferenças em tensão, onde cada um puxa para seu lado, mas todos convivem dentro de uma unidade maior.

Compreender como contradições aparentes poderiam ser resolvidas metafisicamente, por meio do discernimento, era o tema da minha tese sobre Guardini, que fui investigar na Alemanha. Trabalhei nela durante alguns anos, mas nunca terminei de escrever. No entanto, a tese me ajudou muito, especialmente na gestão de tensões e conflitos. (Vinte anos mais tarde, em 2012, após ter feito 75 anos, quando pensava que o Papa Bento poderia aceitar minha resignação como Arcebispo de Buenos Aires, pensei, durante algum tempo, que poderia, afinal, terminar a tese. Mas em março de 2013 fui transferido para outra diocese. Por fim, acabei entregando o que tinha escrito a um sacerdote que estava estudando Guardini.)[17]

Um dos efeitos do conflito é ver como contradições o que, de fato, são contraposições, como gosto de lhes chamar. Uma contraposição implica dois polos em tensão, que se separam um do outro: horizonte/limite, local/global, o todo/a parte etc. São contraposições, porque, mesmo sendo opostos, interagem numa tensão fecunda e criativa. Como Guardini me ensinou, a Criação está cheia dessas polaridades vivas, ou *Gegensätze*; são elas que nos dão vida e dinamismo. Por outro lado, as contradições (*Widersprüche*) exigem que escolhamos entre certo e errado. (Bom e mau nunca podem ser uma contraposição, porque mau não é a contraparte de bom, mas sua negação.)

Ver as contraposições como contradições é um pensamento medíocre, que nos afasta da realidade. O mau espírito — o espírito de conflito, que afeta o diálogo e a fraternidade — transforma sempre as contraposições em contradições, exigindo que escolhamos um dos lados e reduzindo a realidade a simples binários. É o que fazem as ideologias e os políticos sem escrúpulos. Assim, quando enfrentamos uma contradição que não nos deixa avançar para uma solução real, sabemos que estamos diante de um esquema mental reducionista e parcial, que devemos procurar superar.

Mas o mau espírito também pode negar a tensão entre dois polos numa contraposição, optando por uma espécie de coexistência estática. Esse é o perigo do relativismo ou do falso irenismo, uma atitude de "paz a qualquer preço", em que o objetivo é evitar totalmente o conflito. Nesse caso, pode não haver solução, porque a tensão foi negada e abandonada. É também uma recusa a aceitar a realidade.

Então temos aqui duas tentações: uma, a de nos alinharmos a um ou outro lado, exacerbando o conflito; e outra, a de evitarmos totalmente iniciar um conflito, negando a tensão implicada e lavando as mãos sobre o assunto.

A tarefa do reconciliador é, em vez disso, "aguentar" o conflito, encarando-o. Através do discernimento, ver além da superfície as razões para o desacordo, permitindo aos envolvidos a possibilidade de uma nova síntese, que não destrói nenhum dos polos, mas conserva o que é bom e válido em ambos, assumindo-os de uma nova perspectiva.

Esse avanço surge como um presente do diálogo, quando as pessoas confiam umas nas outras e, com humildade, buscam juntas o bem, dispostas a aprender mutuamente num intercâmbio de dons. Em tais momentos, a solução para um problema intratável surge de maneiras inesperadas e imprevistas, como resultado de uma nova e maior criatividade, vinda de fora. Por esse motivo é que me refiro a isso como um "transbordamento", porque ultrapassa os limites que confinavam nosso pensamento, e, como uma fonte transbordante, faz com que as respostas que a contraposição anteriormente não nos permitia ver continuem a se derramar. Reconhecemos esse processo como um presente de Deus, porque é a mesma ação do Espírito descrita nas Escrituras e evidente na história.

"Transbordar" é uma tradução possível do grego *perisseuo*, que é a palavra usada pelo salmista cuja taça transborda com a graça de Deus, no Salmo 23. É o que Jesus promete (Lc 6, 38) que será derramado em nosso colo quando perdoarmos. É a palavra utilizada no Evangelho de João (Jo 10, 10) para caracterizar a vida que Jesus veio trazer, e o adjetivo usado por São Paulo (2Cor 1, 5) para descrever a generosidade de Deus. É o próprio coração de Deus que transborda, nas passagens famosas do pai que se apressa a abraçar o filho pródigo; do anfitrião das bodas que chama convidados dos caminhos e dos campos para seu banquete; da pesca na madrugada que rompe as redes, após uma noite de tentativas infrutíferas; ou de Jesus lavando os pés dos seus discípulos, na noite antes de morrer.

Tais transbordamentos de amor acontecem sobretudo nas encruzilhadas da vida, em momentos de abertura, fragilidade e humildade, quando o oceano do amor de Deus rebenta os diques da nossa autossuficiência e permite, assim, uma nova imaginação do possível.

A minha preocupação, como Papa, tem sido encorajar tais transbordamentos dentro da Igreja, dando novo vigor à antiga prática da *sinodalidade*. Quis desenvolver esse antigo processo não apenas por amor à Igreja, mas também como um serviço à humanidade que se encontra, tantas vezes, em um desacordo paralisante.

A palavra vem do grego *syn-odos*, "caminhar juntos", e é este o seu objetivo: não tanto forjar acordo, mas reconhecer, valorizar e reconciliar as diferenças, num plano maior, onde se possa ser mantido o melhor de cada uma. Na dinâmica de um Sínodo, as diferenças são expressadas e polidas, até que se alcance, se não um consenso, uma harmonia que não apague os picos de diferença. É o que acontece na música: com sete notas musicais, seus tons altos e baixos, cria-se uma sinfonia maior capaz de articular as particularidades de cada uma. Nisso reside a sua beleza: a harmonia que resulta pode ser complexa, rica e inesperada. Na Igreja, quem gera essa harmonia é o Espírito Santo.

Gosto de ver o início da sinodalidade eclesial nos primeiros anos da Igreja, quando os apóstolos se reuniram para tratar de uma questão que os dividia: os não judeus devem observar as leis e os costumes judaicos, como a circuncisão, ao se tornarem cristãos? Após debate e oração e algumas amargas discordâncias, refletiram sobre o modo como Deus operava sinais e prodígios entre eles por meio dos gentios, pois é na experiência da vida real que se conhece Deus. Declararam que "decidimos, o Espírito Santo e nós" (At 15, 28), não impor aos cristãos não judeus as prescrições da lei judaica.

Foi uma nova abertura, que mudou o curso da história. Deus fizera uma aliança de salvação com um só povo, o povo judeu, que Cristo recuperou e ofereceu a toda a humanidade, sem distinção de raça, língua ou nação. Por isso é que, na história da Igreja, o cristianismo nunca se limitou a uma cultura particular, mas se enriqueceu com as culturas dos povos em que se estabeleceu. Cada um desses povos experimenta o dom de Deus, de acordo com a própria cultura, e em cada um deles a Igreja exprime sua genuína catolicidade, a beleza dos seus muitos e diversos rostos.

A experiência sinodal nos permite caminhar juntos, não somente apesar das nossas diferenças, mas buscando a verdade e assumindo a riqueza das polarizações em questão. Vimos muitos progressos em Concílios e Assembleias ao longo da história da Igreja. Mas o mais importante é a harmonia que faz com que avancemos juntos, no mesmo caminho, mesmo com todas as nossas diferenças.

A abordagem sinodal é algo de que nosso mundo tem muita necessidade hoje. Em vez de buscar o confronto, declarando guerra, com cada um dos lados esperando derrotar o outro, precisamos de processos que permitam expressar as diferenças, escutá-las e fazê-las amadurecer, para assim podermos caminhar juntos, sem necessidade de aniquilar ninguém. É um trabalho difícil; exige paciência e compromisso — sobretudo uns com os outros. A paz duradoura tem a ver com a criação e manutenção da escuta mútua. Construímos um povo não com as armas de guerra, mas na tensão produtiva desse caminhar em conjunto.

Nessa tarefa, os mediadores são importantes. Fazer acordos que evitem rupturas e permitam que todos os lados caminhem juntos é um papel vital da lei e da política. A mediação é uma ciência, mas também um exercício de sabedoria humana. Na lei e na política, o mediador desempenha um papel análogo, de alguma forma, ao do Espírito Santo no Sínodo, mantendo juntas as diferenças até que se abram novos horizontes.

Entre as melhores amostras disso está o que acontece na União Europeia: a reconciliação na diferença. A União Europeia atravessou um período difícil. Mas ver seus membros chegarem a um acordo sobre um pacote financeiro para conter o impacto do coronavírus — todos aqueles objetivos e pontos de vista diferentes, as transações comerciais e negociações ferozes — foi um exemplo dessa tentativa de harmonizar diferenças, dentro de um esforço geral de busca da unidade. É o que quero dizer quando comparo questões similares com a sinodalidade, e o motivo pelo qual talvez nossa experiência na Igreja possa ajudar o mundo. Vamos observar o que acontece, e talvez aprendamos algumas lições.

Tivemos três Sínodos durante o meu pontificado: sobre a família, sobre os jovens e sobre a Amazônia. Em cada um deles, mais de duzentos bispos, cardeais e leigos vindos de todas as partes do mundo se reuniram durante mais ou menos três semanas, para um período de discernimento. Na conclusão, os bispos votaram para a composição do documento final. Esse processo, instituído por São Paulo VI, cresceu e se desenvolveu e, no caminho, foram surgindo novas questões a responder. Por isso, gostaria de ver, no futuro, um Sínodo sobre o tema da sinodalidade. As mudanças que introduzi até agora significam que os Sínodos realizados aqui em Roma, a cada dois ou três anos, são mais livres e mais dinâmicos, dando mais tempo à discussão honesta e à escuta.[18]

A sinodalidade começa com um processo de escuta de todo o Povo de Deus. Uma Igreja que ensina deve ser, primeiro, uma Igreja que escuta. O Mestre foi um bom mestre porque soube ser um bom discípulo (Fl 2, 6-11). Consultar os membros da Igreja é imprescindível, porque, como nos recordou o Concílio Vaticano II, os fiéis, em sua totalidade, têm a unção do Espírito Santo, e "não pode enganar-se na fé".[19]

Assim, os Sínodos realizados em Roma começaram a partir de múltiplas discussões e consultas organizadas nas igrejas locais, que reuniram temas e preocupações articulados no "documento preparatório" a ser discutido. Incluem-se múltiplas vozes com perspectivas diferentes na própria Assembleia:

leigos, peritos convidados e delegados de outras Igrejas, que oferecem contribuições vitais para o discernimento. Dessa forma, se obedece a um princípio muito apreciado pela Igreja do primeiro milênio: *Quod omnes tangit ab omnibus tractari debet* [Aquilo que afeta a todos deve ser tratado por todos].[20]

Nesse sentido, fico feliz de ver como as igrejas locais estão dando início a processos capazes de pôr em prática a metodologia sinodal. Na Austrália, por exemplo, há vários anos eles perguntam a centenas de milhares de pessoas como podem ser uma Igreja mais inclusiva, misericordiosa e devota, mais aberta à conversão, à renovação e à missão.

Ao falar de sinodalidade, é importante ter cuidado para não confundir doutrina e tradição católicas com as normas práticas eclesiais. Aquilo que está em discussão nos encontros sinodais não são as verdades tradicionais da doutrina cristã. Interessa ao Sínodo se questionar, principalmente, como podemos viver e aplicar os ensinamentos nos contextos mutáveis do nosso tempo. Os três Sínodos — o da Família (2014 e 2015), o dos Jovens (2018) e o da Amazônia (2019) — desempenharam um papel vital na abertura da Igreja a novas maneiras de cuidar de pessoas e lugares que enfrentam desafios específicos.

O que caracteriza o caminho sinodal é o papel do Espírito Santo. Escutamos, discutimos em grupo, mas, sobretudo, prestamos atenção àquilo que o Espírito tem a nos dizer. Para isso, peço a todos que falem com franqueza e que também escutem os outros com atenção, porque neles também fala o Espírito. Aberto a mudanças e a novas possibilidades, o Sínodo é sempre uma experiência de conversão para todos. Uma das novas modalidades introduzidas vai mais precisamente nesse sentido, oferecendo períodos de silêncio entre as falas para que os participantes percebam melhor as intervenções do Espírito.

Os Sínodos geram intensas discussões, o que é bom. Eles envolvem respostas e/ou reações diversas vindas daqueles que não pensam do mesmo modo ou têm posições diferentes. Nem todos reagimos da mesma maneira. Vimos em muitos casos como, diante da discordância, existem grupos que procuram interferir no processo sinodal, tentando impor suas ideias, quer seja dentro do Sínodo, quer seja fora dele, driblando ou desacreditando aqueles que não pensam como eles.

Mas isso também é um bom sinal, porque onde o Espírito de Deus está presente, sempre há quem busque silenciá-lo ou desviar a atenção d'Ele (se o Espírito não estivesse presente, aquelas forças não se incomodariam). Vimos o mau espírito em alguns dos "ruídos" externos à Sala sinodal, bem como dentro dela: no medo, no pânico, nas acusações de que o Sínodo é uma conspiração para minar a doutrina da Igreja, que a Igreja está fechada a novas perspectivas atuais etc. Esses são sinais da consciência isolada de que falamos antes e da frustração do mau espírito, que, quando não consegue seduzir, faz acusações ferozes (mas nunca, claro, *auto*acusações).

Na Assembleia do Sínodo também existe a tentação de alguns não aceitarem o que envolve um processo sinodal e tentarem impor a todo o Corpo as próprias ideias — exercendo o monopólio da interpretação da verdade —, seja por pressão, seja por descrédito dos que não partilham os mesmos sentimentos. Alguns participantes assumiam rapidamente posições rígidas, que denunciavam uma obsessão pela pureza da doutrina, como se ela estivesse ameaçada e eles fossem seus guardiões. Outros insistiam em critérios vanguardistas, que não eram condizentes com o Evangelho e a Tradição. Um dos dons do Espírito, no processo sinodal, é desmascarar agendas e ideologias ocultas. Por isso, não podemos falar de

Sínodo se não aceitarmos e vivermos a presença do Espírito Santo.

O Evangelho deve ser lido e interpretado à luz da história da salvação e da Tradição. Outras ferramentas podem ajudar nossa compreensão, enfatizando, valorizando e identificando novas riquezas, até o momento inexploradas, desta fonte de Água Viva.

Uma tentação importante, que tantas vezes gera confusão, é a de tratar o Sínodo como uma espécie de Parlamento onde se trava uma "batalha política" em que, para governar, um grupo deve vencer o outro. Algumas pessoas tentaram angariar apoio para suas posições da maneira como políticos fariam: lançando advertências pelos meios de comunicação ou recorrendo a pesquisas de opinião. Isso vai contra o espírito do Sínodo, enquanto espaço protegido para o discernimento comunitário.

Os veículos de mídia desempenham papel-chave na abertura do Sínodo ao Povo de Deus e à sociedade em geral, comunicando e fazendo ver os temas e os desafios que a Igreja enfrenta. Mas, em alguns casos, corre-se o risco de que alguns jornalistas confundam contraposições com polarizações, reduzindo a dinâmica do Sínodo a binarismos simplistas de "sim" ou "não", como se o Sínodo fosse um confronto dramático entre forças opostas. Esse não é o clima dentro da Sala sinodal. Contudo, algumas vezes, a narrativa midiática acaba anulando a capacidade de discernimento.

Vimos isso, por exemplo, no Sínodo sobre a família. O objetivo era ir além de posições casuísticas, que impedem a Igreja de tratar de temas complexos com a abordagem que lhe é própria, no espírito da sã Tradição. Jesus condena a casuística dos doutores da lei, por exemplo, no capítulo 23 do Evangelho de Mateus. Usar esse tipo de parâmetro para julgar situações dificultou, por um lado, a compreensão da complexidade de situações concretas e, por outro, limitou a capacidade da Igreja de acompanhar e guiar as pessoas a partir de conceitos evangelizadores.

No Sínodo da Família, ao contrário do que muitos acreditam, o tema foi bem mais amplo do que a questão específica do cuidado pastoral aos divorciados ou separados que voltaram a casar e o seu acesso aos sacramentos. Mas a narrativa de alguns meios de comunicação vinculados a certos grupos reduziu e simplificou todo o trabalho sinodal a esse único aspecto, como se esse Sínodo tivesse sido convocado apenas para decidir se os divorciados e recasados deveriam ou não receber a Comunhão. Segundo essa narrativa, a Igreja iria "flexibilizar as regras" ou manter sua oposição "rígida". Ou seja, ao refletir tal narrativa, o quadro midiático acabou reforçando exatamente a casuística que o Sínodo queria ultrapassar.

Esse mau espírito condicionou o discernimento, favoreceu as posições ("a favor" ou "contra") e alimentou conflitos desgastantes. Debilitou a liberdade de espírito, que é tão vital para um caminho sinodal. Cada grupo fechado na "sua verdade" acabou se tornando prisioneiro das próprias posições.

Contudo, no final, o Espírito nos salvou. Houve um progresso na conclusão da segunda reunião (outubro de 2015) do Sínodo da Família. O transbordamento, nesse caso, veio sobretudo por meio de profundos conhecedores do pensamento de São Tomás de Aquino, entre eles o Arcebispo de Viena, o cardeal Christoph Schönborn. Eles recuperaram a verdadeira doutrina moral da genuína escolástica de São Tomás, resgatando-a do escolasticismo decadente que tinha levado a uma moral casuística.

Dada a grande variedade de situações e circunstâncias em que as pessoas se encontravam, o ensinamento de São Tomás de Aquino de que nenhum princípio geral podia ser aplicado a toda situação permitiu que o Sínodo entrasse em acordo quanto à necessidade de discernimento caso a caso. Não era preciso mudar a lei da Igreja, apenas o modo de aplicá-la. Atendendo às especificidades de cada caso e atentos à graça de Deus, que opera na vida complicada das pessoas, pudemos avançar do moralismo preto no branco, que arriscava fechar caminhos de graça e crescimento. Não se tratava de apertar ou afrouxar as "regras", mas de aplicá-las de forma a dar lugar a circunstâncias que não se encaixassem perfeitamente nos padrões.

Foi esse o grande avanço que o Espírito nos trouxe: uma síntese melhor da verdade e da misericórdia, numa compreensão renovada, surgida da nossa própria Tradição. Sem mudar a lei nem a doutrina, mas recuperando o verdadeiro significado de ambas, a Igreja está agora mais bem capacitada para acompanhar pessoas que vivem juntas ou estão divorciadas. Pode ajudá-las a ver onde a graça de Deus opera em suas vidas e a abraçar a plenitude dos ensinamentos da Igreja. O capítulo VIII do documento pós-sinodal que publiquei em março de 2016, "Amoris Laetitia" [Alegria do amor], é pura doutrina de São Tomás de Aquino. No entanto, para alguns ainda custa assumir esse processo: um sinal não somente de que muitos continuam condicionados por posições casuísticas, mas também de que suas intenções, visões e mesmo ideologias os impedem de reconhecer um caminho sinodal assegurado pela própria Tradição eclesial.[21]

No Sínodo sobre a Amazônia, de outubro de 2019, houve uma polarização semelhante sobre um tema secundário, mas, dessa vez, sem uma solução por transbordamento para agora.

O Sínodo foi convocado a fim de tratar dos desafios enfrentados por essa região e suas populações, o que inclui a destruição da floresta tropical, o assassinato de líderes indígenas, a marginalização dos indígenas e as dificuldades que a Igreja enfrenta na área. No entanto, algumas pessoas nos veículos de comunicação e por meio deles voltaram a reduzir todo o processo sinodal a um ensaio sobre se a Igreja quer ou não quer ordenar homens casados, os assim chamados *viri probati*, mesmo que essa questão tenha ocupado apenas três linhas em um documento preparatório de trinta páginas.

A fantasia de que o Sínodo era "sobre" esse tema minimizou e simplificou todos os enormes desafios da região; tanto é assim que, quando se publicou a exortação apostólica *Querida Amazônia*, em fevereiro de 2020, muitos se sentiram decepcionados ou aliviados, porque "o Papa não abriu essa porta". Foi como se ninguém estivesse interessado no drama ecológico, cultural, social e pastoral da região; o Sínodo "fracassou" por não ter autorizado a ordenação dos *viri probati*.

Na realidade, o Sínodo foi um avanço em vários níveis: nos deu missão e visão claras de estarmos com os povos nativos, com os pobres e com a terra ao defender a cultura e a Criação, ameaçadas pelas poderosas forças de morte e destruição impulsionadas pelo mero lucro econômico; lançou a base para uma Igreja na Amazônia, profundamente enraizada na cultura local, com uma forte e ativa presença de leigos; e iniciou processos como a constituição da Conferência Eclesial Amazônica. Mas pouca referência se fez a esses progressos. A Amazônia e suas populações voltaram a ser ignoradas e silenciadas, porque alguns veículos de comunicação e alguns grupos de pressão haviam decidido que o Sínodo tinha sido convocado para resolver um tema pontual.

Apesar de não ter havido uma resolução sobre essa questão, foram discutidos temas que eu, pelo menos, não tinha previsto e não tinham sido abordados no documento preparatório. Este é um dos maiores dons do processo sinodal: por vezes, o Espírito atua para nos mostrar que estamos olhando na direção errada, que aquilo que julgamos ser o tema, na verdade, não o é. Caminhar juntos, escutando o que o Espírito diz à Igreja, significa permitir que a aparente pureza das nossas posições seja desmascarada e identificar o joio que cresce no meio do trigo (Mt 13, 24-30).

Um tema que veio à tona foi a resistência de muitos sacerdotes, de alguns dos nove países que incluem a Amazônia dentro das suas fronteiras, a serem enviados como missionários para a região. Preferiam ser enviados ao estrangeiro, para a Europa ou para os Estados Unidos, onde as condições são mais confortáveis. Assim, o Sínodo viu claramente um tema pastoral concreto que os bispos desses países precisam resolver com urgência: a falta de solidariedade e de zelo missionário no coração dos nossos padres.

Em outras palavras, a falta de celebrações da missa dominical em algumas regiões — que foi a razão apresentada para se desejar os *viri probati* — claramente não se deve apenas à falta de ministros ordenados, sendo em parte também por conta da escassez de compromisso missionário com a Amazônia. Reduzir esse tema simplesmente à ausência de clérigos disponíveis significa esconder um problema mais complexo.

Na mesma Assembleia, constatei que existem aspectos nos quais já é possível dar alguns passos e que, no entanto, estão paralisados. Mais uma vez, um dom do Espírito no Sínodo: mostrar os bloqueios que nos impedem de aproveitar a graça de Deus que já nos é oferecida. Por exemplo, por que razão não há suficientes diáconos permanentes na Região Amazônica? Os diáconos permanentes são muito importantes, porque refletem uma Igreja doméstica que encontra na Palavra e no serviço sua maior expressão. Na Amazônia, uma família — marido, esposa e filhos — pode ser uma comunidade missionária no centro de um tecido de relações.[22]

O Sínodo nos mostrou que, para caminhar com o povo, defendendo suas culturas e a natureza, a Igreja na Amazônia deve aumentar sua presença em toda a região. Isso só pode acontecer se for atribuído aos leigos um protagonismo decisivo. São os catequistas os primeiros a colocar em prática a tarefa evangelizadora, nas diferentes línguas e nos costumes dos povos a que servem. Por isso, creio que é crucial confiar nos leigos, e especialmente nas mulheres que dirigem tantas comunidades na região, para fazer nascer uma santidade verdadeiramente amazônica, que dará muitos frutos. Essa é, segundo a minha leitura do discernimento do Sínodo, a direção que nos aponta o Espírito.

O perigo de "ficarmos presos" no conflito é perdermos a perspectiva. Nossos horizontes se estreitam e fechamos caminhos que o Espírito nos mostra. Às vezes, caminhar juntos significa continuar a lidar com as discordâncias, deixando-as serem ultrapassadas em um plano superior mais tarde. O tempo é superior ao espaço e o todo é maior que a soma das partes. Esse foi o meu próprio discernimento interior, que foi confirmado pela decepção com que alguns acolheram a Exortação.

Deixe eu me explicar. no processo sinodal, a decepção e uma sensação de derrota não são sinais do Bom Espírito, porque nascem de promessas não cumpridas, e o Senhor cumpre sempre as suas promessas. Claro que, fora do processo sinodal, a desilusão pode ser do Bom Espírito: o Senhor pode nos mostrar que certo caminho não é correto. É o tipo de desilusão que sentimos quando fazemos algo que consideramos bom, mas que, depois, percebemos que foi uma perda de tempo, ou pior. No processo sinodal, é mais provável que este tipo de decepção revele interesses ocultos: você tentou alcançar algo e, quando não conseguiu, se sentiu frustrado. Pode ser que você tenha razão (ou não), mas existem processos que levam tempo, que exigem amadurecimento, perseverança, decisão. Pedem que semeemos para que outros possam colher. Ou seja, você vai continuar aprisionado nos próprios desejos em vez de se deixar tocar pela graça que é oferecida.

Quando ouço alguém dizer que ficou decepcionado com o Sínodo da Amazônia, penso o seguinte: Não abrimos novos caminhos pastorais? O Espírito não nos mostrou a necessidade de confiar e permitir o crescimento de uma cultura eclesial específica na região, marcadamente leiga? É que onde quer que haja uma necessidade particular na Igreja, o Espírito já derramou os carismas que lhe permitirão uma resolução, dons que precisam ser acolhidos. Como diz *Querida Amazônia* (nº 94), precisamos estar abertos a possibilidades novas e audaciosas. Isso inclui o reconhecimento formal da extraordinária liderança das mulheres nas comunidades eclesiais da região. Todos esses sinais do Espírito podem ser facilmente eclipsados por uma visão limitada à polêmica sobre abrir ou não o sacerdócio a homens casados.

Caminhando juntos, lendo os sinais dos tempos e nos mantendo abertos às novidades do Espírito, podemos tirar algumas lições da sinodalidade, essa antiquíssima experiência da Igreja que procurei reavivar.

Em primeiro lugar, que precisamos escutar uns aos outros, com respeito, livres de ideologias e agendas predeterminadas. O objetivo não é chegar a um acordo por meio de uma competição entre posições opostas, mas caminhar em conjunto, a fim de alcançarmos a vontade de Deus, deixando que as diferenças entrem em harmonia. O mais importante de tudo é o espírito sinodal: se aproximar dos outros com respeito e confiança, acreditar na nossa unidade partilhada e receber a novidade que o Espírito quer revelar para nós.

Em segundo lugar, que, às vezes, essa novidade significa resolver disputas através do transbordamento. Conseguimos soluções — muitas vezes, no último minuto —, levando a uma sintonia que nos permite avançar. Mas esse "transbordamento" poderia igualmente significar um convite para mudarmos nosso modo de pensar e nossas perspectivas, abandonarmos nossa rigidez e nossas intenções e olharmos para lugares que nunca vimos antes. O nosso Deus é um Deus de surpresas, que está sempre à nossa frente.

Em terceiro lugar, que este é um processo que exige paciência, algo que não é fácil no nosso mundo impaciente. Mas, com a quarentena, talvez tenhamos aprendido a lidar melhor com essa questão.

Conta-se que, na Argentina do século XIX, numa época de guerras frequentes entre fortes governadores locais, conhecidos como *caudillos*, certo dia um *caudillo* estava batendo em retirada em meio a uma chuva torrencial. Ele ordenou que acampassem até que o tempo abrisse. Mas, ao passar de boca em boca, a ordem se transformou em outra coisa, em uma espécie de sabedoria que expressava o significado daquilo que seu povo estava atravessando; um sábio conselho para tempos de atribulação e conflito.

Para que surja o discernimento em meio a um conflito, às vezes é preciso que acampemos juntos e esperemos o céu abrir.

O tempo pertence ao Senhor. Confiando n'Ele, nós avançamos, com coragem, construindo unidade através do discernimento, para que possamos descobrir e colocar em prática o sonho de Deus para nós e os planos de ação à nossa frente.

PARTE III

TEMPO DE AGIR

EM TEMPOS DE CRISE E TRIBULAÇÃO, quando nos livramos dos nossos hábitos ultrapassados, o amor de Deus aparece para nos purificar, para nos recordar que somos um povo. Antes não éramos um, mas agora somos o Povo de Deus (1Pd 2, 10). A proximidade de Deus nos chama. "Trouxeste-me amigos que não me conheciam", escreve o poeta Rabindranath Tagore. "Aproximaste de mim o distante e fizeste do desconhecido um irmão."[23] Este tempo de ação nos pede que recuperemos nossa sensação de pertencimento, nossa consciência de que somos parte de um povo.

O que significa ser "um povo"? É uma categoria de pensamento, um conceito mítico, não no sentido de uma fantasia ou uma fábula, mas de uma história particular que torna uma verdade universal tangível e visível. A categoria mítica do povo tem origem e se alimenta de muitas fontes: históricas, linguísticas, culturais (especialmente a música e a dança), mas sobretudo da sabedoria e da memória coletivas. O povo é unido por essa memória, conservada na história, nos costumes, nos ritos (religiosos ou não) e em outros vínculos que transcendem o puramente transacional ou racional.

No início da história de cada povo está a busca pela dignidade e pela liberdade, uma trajetória de solidariedade e luta.

Para o povo de Israel, foi o êxodo da escravidão no Egito. Para os romanos, foi a fundação de uma cidade. Para as nações do continente americano, foi a luta pela independência.

Do mesmo modo que um povo toma consciência da sua dignidade partilhada em tempos de luta, na guerra e na adversidade, o povo também pode perder essa consciência. Um povo pode esquecer sua própria história. Em tempos de paz e prosperidade, existe sempre o risco de as pessoas se dissolverem numa simples massa, sem um princípio unificador que as congregue.

Quando isso acontece, o centro vive à custa da periferia, as pessoas se dividem em grupos rivais e os explorados e humilhados podem arder de ressentimento diante das injustiças. Em vez de pensarmos em nós mesmos como membros de um povo, competimos pelo domínio, transformando as contraposições em contradições. Nessas circunstâncias, as pessoas deixam de ver o mundo natural como sua herança, que deve ser protegida; os poderosos se aproveitam e extraem dele tudo o que podem, sem darem nada em troca. A indiferença, o egoísmo, a cultura do bem-estar acomodado e as profundas divisões na sociedade, que degeneram em violência — todas essas coisas são sinais de que o povo perdeu a consciência da sua dignidade. Deixou de acreditar em si mesmo.

Um povo assim fragilizado e dividido torna-se presa fácil das mais diversas colonizações. Mas, mesmo quando não ocupado por um poder estrangeiro, o povo, no fundo, já abriu mão de sua dignidade. Deixou de ser protagonista da própria história.

De vez em quando, porém, grandes calamidades despertam a memória dessa libertação e unidade originais. Os profetas que tentaram lembrar ao povo de Israel aquilo que realmente importa, o seu primeiro amor, de repente acham ouvintes entusiasmados. Os tempos de atribulação oferecem a possibilidade de aquilo que oprime o povo — interna e externamente — poder ser derrubado, e assim começar uma nova era de liberdade.

Durante algum tempo, tais calamidades nos deixam desnorteados; contudo, paradoxalmente, podem permitir que o povo recupere sua memória e, portanto, sua capacidade de agir, sua esperança. A crise demonstrou que nossos povos não são determinados por forças cegas, mas, na adversidade, são capazes de agir. Calamidades revelam a nossa vulnerabilidade partilhada e expõem as seguranças falsas e supérfluas em torno das quais havíamos organizado nossos planos, nossas rotinas e prioridades. Elas nos mostram nossa negligência ao que alimenta e sustenta a vida da comunidade, como tínhamos nos encolhido dentro das nossas bolhas de indiferença e bem-estar. Aprendemos que, na nossa inquietação e frustração, no nosso fascínio por coisas novas, na nossa ânsia de reconhecimento no meio de uma agitação maníaca, falhamos em prestar atenção ao sofrimento à nossa volta. No modo como respondemos a esse sofrimento é que se observa o autêntico caráter dos nossos povos.

Quando acordamos para a memória da dignidade do nosso povo, começamos a perceber a insuficiência das normas pragmáticas que substituíram a categoria mítica que nos deu nosso verdadeiro modo de viver. O povo de Israel, no deserto, preferiu o puro pragmatismo de um bezerro de ouro à liberdade para a qual o Senhor o chamava. Do mesmo modo, nos disseram que a sociedade é apenas uma amálgama de indivíduos, cada um buscando os próprios interesses; que a unidade das pessoas é uma mera fábula; que somos impotentes frente ao poder do mercado e do Estado; e que o objetivo da vida é o lucro e o poder.

Mas agora veio a tempestade, e vemos que não é assim.

Não podemos deixar passar este momento esclarecedor. Que não se possa dizer, no futuro, que, em resposta à crise do coronavírus, deixamos de agir em prol da restauração da dignidade dos nossos povos, da recuperação da nossa memória e da recordação das nossas raízes.

O termo "povo" tem conotações diferentes nas nossas diferentes línguas. Usado por ideologias e instrumentalizado por políticas sectárias, pode trazer implicações totalitárias ou de luta de classes. Atualmente, é utilizado na retórica exclusivista do populismo. Por isso, seria bom explicar melhor o que *eu* quero dizer com "povo".

Um povo não é a mesma coisa que um país, uma nação ou um Estado, por mais importantes que sejam essas entidades. Um país é uma entidade geográfica; um Estado-nação é o andaime jurídico e constitucional que o sustenta. Mas esses limites e estruturas podem mudar. Um país que foi dividido ou perdeu uma guerra é capaz de se refazer. Uma nação que passa por uma crise constitucional é capaz de se reconstruir. Mas a perda da sensação de pertencimento a um povo é muito difícil de recuperar. É uma perda que leva décadas, desgastando nossa capacidade de encontro. À medida que os pontos de referência que herdamos desaparecem, perdemos a capacidade de nos unirmos como povo para criar um futuro melhor.

O sentimento de ser parte de um povo só pode ser recuperado da maneira como foi forjado: na luta e na adversidade partilhadas. O povo é sempre fruto de uma síntese, de um encontro, de uma fusão de elementos díspares que gera um todo superior às suas partes. Um povo pode ter desacordos e diferenças profundos, mas caminhar inspirado por metas partilhadas e, assim, criar um futuro. Tradicionalmente, um povo se reúne em assembleias e se organiza. Partilha experiências e esperanças e ouve o chamado a um destino comum.

Na Argentina, falamos da engenhosidade do povo, de sua capacidade histórica de identificar possibilidades, "farejando" soluções para problemas correntes. Saber que somos um povo é ter consciência de algo maior que nos une, algo que não pode ser reduzido a uma identidade legal ou física partilhada. Vimos isso nos protestos em reação ao assassinato de George Floyd, quando muitas pessoas que não se conheciam foram para as ruas protestar, unidas por uma saudável indignação. Tais momentos revelam não só o sentimento das pessoas, mas o sentimento de um povo, a sua "alma". Porque, apesar dos desgastes sociais constantes, persistem, em todos os povos, reservas de valores fundamentais: a luta pela vida, desde a concepção até a morte natural, a defesa da dignidade humana, o amor à liberdade, a preocupação com a justiça e a Criação, o amor à família e à festa.

Pode parecer estranho dizer isto, mas é verdade: o povo tem uma alma. E porque podemos falar da alma de um povo, podemos falar de uma interpretação dos fatos, de uma maneira de ver a realidade, de uma consciência. Tal consciência não resulta de um sistema econômico ou uma teoria política, mas de uma personalidade que foi se forjando em momentos-chave da sua história. Esses marcos imprimiram um forte sentimento de solidariedade, de justiça e de importância do trabalho. Quando o povo reza, reza pelo quê? Pela saúde, pelo trabalho, pela família, pela escola; por um lugar decente para viver; por dinheiro suficiente para sobreviver; pela paz entre vizinhos; e por uma nova oportunidade para os pobres. Essas metas podem não parecer revolucionárias ou ambiciosas. Mas o povo sabe muito bem que é fruto da justiça.

Um povo não é apenas a soma de indivíduos. Não é nem uma categoria lógica nem uma categoria legal, mas uma realidade viva, fruto de um princípio integrador partilhado. Você pode tentar descrever o povo como um conceito, em termos de um paradigma, tentar definir onde ele começa e onde termina, ou impor a ele alguma definição legal ou racional. Também pode analisar um povo específico com base em sua cultura e suas características, procurar nomear o que define, digamos, o povo francês ou o povo americano. Mas, no fim das contas, é um exercício fútil. Fazer do povo um objeto de investigação e quantificá-lo é se colocar fora dele e, fazendo isso, perder a noção daquilo que ele é. Porque "o povo" não é um conceito lógico, só podemos nos aproximar dele por meio da intuição, entrando no seu espírito, no seu coração, na sua história e tradição.

O povo é uma categoria capaz de gerar sinfonia a partir da desconexão, de harmonizar diferenças, mas conservando a distinção. Falar do povo é oferecer um antídoto à tentação contínua de criar elites, sejam elas intelectuais, morais, religiosas, políticas, econômicas ou culturais. O elitismo reduz e restringe as riquezas que o Senhor colocou na terra, transformando-as em posses a serem exploradas por alguns em vez de dons a serem partilhados. As elites esclarecidas acabam sempre da mesma maneira, impondo seus critérios e, nesse processo, desprezando e excluindo todos aqueles que não se conformam com seu status social, sua estatura moral ou ideologia. Sofremos por muito tempo as implicações desses reducionismos.

Falar de um povo é apelar para a unidade na diversidade: *e pluribus unum*. Por exemplo, as doze tribos de Israel formaram um só povo, se unindo em torno de um eixo comum (Dt 26, 5), mas sem renunciar aos traços distintivos de cada uma. O Povo de Deus, neste caso, assume e permite as tensões, que são normais em qualquer grupo humano, sem precisar resolvê-las de forma que um elemento prevaleça sobre os outros.

Reconheço que não é fácil explicar essa forma de pensamento, uma vez que, historicamente, sempre se falou muito de identidade a partir de noções de exclusão e diferenciação. Por isso, prefiro usar o termo arquetípico "categoria mítica", que ajuda a encontrar uma nova maneira de descrever uma realidade e forjar uma identidade que não se determina pela exclusão, diferenciação ou oposição dialética, mas pela síntese de potencialidades a que chamo transbordamento.

Se, perante o desafio, não apenas desta pandemia, mas de todos os males que nos afligem neste tempo, pudermos agir como um só povo, a vida e a sociedade mudarão para melhor. Isso não é apenas uma ideia, mas um chamado a cada um de nós, um convite a abandonarmos o isolamento autodestrutivo do individualismo, sairmos da nossa "lagoazinha pessoal" e nos lançarmos no largo rio de uma realidade e um destino de que somos parte e que, no entanto, estão além de nós.

Quando falo de *dignidade do povo*, é essa consciência que surge da "alma" do povo, da sua maneira de olhar o mundo. De onde vem essa dignidade? Da riqueza do povo, de suas vitórias na guerra? Esses sucessos podem ser fonte de orgulho ou mesmo de arrogância. Mas a dignidade de um povo — mesmo do mais pobre, mais maltratado e escravizado — vem da proximidade de Deus. São o amor e a proximidade de Deus que lhe conferem dignidade e o levantam sempre, oferecendo-lhe um horizonte de esperança. Nesse sentido, é sempre bom olhar para o povo de Israel e sua história, o arquétipo do que estamos falando.

A Bíblia conta essa história repetidas vezes. Ao chamar Moisés, Deus salva um povo, manifestando sua proximidade, prometendo-Se a ele, numa eterna aliança de amor. Ao convocar Abraão, Deus promete caminhar com o seu povo, estar próximo dele. Sabendo da dedicação de Deus a ele, o povo judeu toma consciência da sua dignidade e pode avançar, cuidando de seus pobres, construindo instituições fortes e alcançando a nobreza da alma. Mas, quando perde essa consciência — quando Israel abandona a lei do Senhor, que é o dom da proximidade de Deus (2Cr 12, 1) —, cai no cisma e na injustiça.

Quando pedem a São Paulo que explique sua fé em Jesus Cristo, ele volta a contar toda a história da proximidade divina com o povo (At 13, 13-21), do mesmo modo que Estêvão antes do seu martírio (At 7, 1-54). Jesus Cristo, o ungido de Deus, é parte dessa história de salvação de um povo, salvação que Ele estende a todos. Essa é a razão pela qual o Concílio Vaticano II descreveu a Igreja como o "Povo de Deus", um povo ungido com a graça do Espírito Santo, encarnado em todos os povos da terra, cada um com a própria cultura. É um povo com muitos rostos.

Jesus é filho da história de graça, promessa e redenção do povo judeu. Sua história é a de um povo em busca da libertação, consciente da sua dignidade, porque Deus se fez presente, se aproximou e caminhou com eles. Jesus vem para restaurar em Israel a memória da proximidade de Deus, para devolver ao povo a dignidade da Promessa. Sem essa consciência da sua dignidade, com ou sem ocupação romana, o povo permaneceria escravizado.

Jesus restaura a dignidade do povo com atos e palavras que manifestam a proximidade de Deus. Ninguém se salva sozinho. O isolamento não pertence à nossa fé. Deus nos atrai, tendo em conta um complexo tecido de relações; e é precisamente para o meio dessas encruzilhadas da história que Deus nos envia.

Ser cristão é saber que se é parte de um povo, do Povo de Deus, expresso em diferentes nações e culturas, mas que transcende todas as fronteiras de raças e línguas. O Povo de Deus é uma comunidade dentro da comunidade mais ampla da nação, servindo à nação, ajudando-a a formar sua identidade, e ao mesmo tempo respeitando o papel desempenhado por outras instituições religiosas e culturais. Mas se há um papel específico que a Igreja deve desempenhar em tempos de crise é precisamente o de lembrar ao povo de sua alma, de sua necessidade de respeitar o bem comum. Foi o que Jesus fez: veio fortalecer e aprofundar os laços de pertencimento — do povo a Deus e de uns aos outros. Por isso, quem mais importa no Reino de Deus é aquele mais simples, que se põe a serviço dos outros (Mt 20, 26-27), especialmente dos pobres.

A Igreja é um povo com muitos rostos, e exprime essa verdade de inúmeras maneiras diferentes, de acordo com cada cultura; por isso, gosto de pensar que a evangelização deve ser sempre no dialeto de cada lugar, com as mesmas palavras e sons com que uma avó canta canções de ninar para os netos. A Igreja é chamada a ser o Povo de Deus encarnado numa história, num lugar concreto, com a língua própria desse lugar. Ao mesmo tempo, o Povo de Deus e a missão de Jesus transcendem todas as fronteiras culturais e geográficas. A missão da Igreja é sempre dirigida ao Povo de Deus; e, no entanto, parte da sua tarefa é lembrar a uma nação que existe um bem comum da humanidade que supera o de qualquer povo em particular. O todo é sempre maior do que as partes, e a unidade deve transcender o conflito.

É por esse motivo que um cristão deve sempre defender os direitos e as liberdades individuais, mas nunca pode ser individualista. Um cristão deve amar e servir seu país com patriotismo, mas não pode ser meramente nacionalista.

O ponto central do cristianismo é o querigma, cuja mensagem essencial é: Deus me amou e deu a vida por mim. A morte e a ressurreição de Jesus Cristo, o Seu amor na Cruz, é o que nos convoca a ser discípulos missionários; nos convida a nos reconhecermos como irmãos em uma grande família humana, principalmente daqueles que se sentem órfãos. Como nos mostram as Bem-aventuranças e o capítulo 25 de Mateus, o princípio da salvação se concretiza na compaixão que demonstramos.

Nesse sentido, a Bíblia nos oferece um claro contraste entre a indiferença de Caim perante o destino de Abel — "Por acaso eu sou o guarda do meu irmão?" (Gn 4, 9) — e a resposta de Javé a Moisés, no terceiro capítulo do Êxodo: "Eu bem vi a opressão do meu povo... ouvi o seu clamor... e desci, a fim de o libertar" (Ex 3, 7-8). O primeiro é o caminho do não pertencimento; o segundo, o do envolvimento na vida de um povo e uma determinação a servir e salvar.

É por isso que a Igreja tem de ser conhecida sempre por sua proximidade com os povos da terra em sua luta pela dignidade e pela liberdade. Em cada cultura onde está presente, a Igreja deve ver como suas as tristezas e as esperanças do povo — e especialmente as dos mais pobres. A Igreja caminha como parte do povo, servindo-o, sem tentar organizá-lo de modo paternalista, porque um povo organiza a si mesmo.

Se me perguntassem qual é, hoje em dia, um dos desvios do cristianismo, diria sem hesitar: *o esquecimento de que pertencemos a um povo.* Como diz o padre Zóssima em *Os irmãos Karamázov*: "A salvação virá do povo."[24] Se colocar acima do Povo de Deus é ignorar que Deus já se aproximou do Seu povo, ungindo-o e levantando-o.

Colocar uma pessoa acima do Povo de Deus leva ao moralismo, ao legalismo, ao clericalismo, ao farisaísmo e a outras ideologias elitistas, que nada sabem da alegria de se entender como parte do Povo de Deus. O papel da Igreja consiste em servir ao Senhor e aos povos da terra a que for enviada, não por imposição ou domínio, mas como Jesus faz no lava-pés.

A crise atual nos convida a recuperar nossa sensação de pertencimento; só assim nossos povos poderão se tornar sujeitos da própria história. Estamos em um momento de restaurar a ética da fraternidade e da solidariedade, regenerando vínculos de confiança e pertencimento. Porque aquilo que nos salva não é uma ideia, mas um encontro. Somente o rosto do outro é capaz de despertar o melhor em nós. Ao servir ao povo, salvamos a nós mesmos.

Para sairmos melhores desta crise, é necessário que recuperemos o entendimento de que, como povo, temos um destino partilhado. A pandemia nos recorda que ninguém pode se salvar sozinho.

O que nos une é algo que em geral chamamos de solidariedade. A solidariedade é mais do que alguns atos de generosidade, por mais importantes que sejam; é o convite a abraçar essa realidade em que somos unidos por laços de reciprocidade. Sobre essa base sólida, poderemos construir um futuro melhor, diferente, mais humano.

Infelizmente, tal compreensão não costuma estar presente nas narrativas políticas contemporâneas, quer liberais, quer populistas. A concepção predominante da política ocidental sobre o mundo vê a sociedade apenas como um agregado de interesses que coexistem, e suspeita de linguagens que valorizam os laços da comunidade e da cultura. Por outro lado, encontram-se também outras visões (por exemplo, os diversos populismos) que deformam o significado da palavra "povo", associando-a a ideologias que focam em supostos inimigos, internos e externos. Se uma visão exalta e promove o indivíduo fragmentado, deixando pouco espaço para a fraternidade e a solidariedade, a outra reduz o povo a uma massa sem rosto, que diz representar.

É interessante notar como as correntes neoliberais procuraram excluir do cenário político qualquer debate significativo sobre o bem comum e o destino universal dos bens.[25] O que promovem é, essencialmente, a gestão eficiente de um mercado e um controle governamental mínimo. O problema é que, quando o objetivo principal da economia é o lucro, é fácil esquecer que os recursos naturais são para todos e não para uns poucos.

O afã obsessivo pelo lucro enfraquece as instituições capazes de proteger um povo dos interesses econômicos egoístas e da excessiva concentração de poder. Os crescentes conflitos sociais se alimentam, em grande medida, da desigualdade e da injustiça, mas sua causa latente está na deterioração dos laços de pertencimento. Uma sociedade fragmentada nunca pode estar em paz consigo mesma, porque é incapaz de enxergar os efeitos sociais da desigualdade. A fraternidade é, hoje, a nossa nova fronteira.

Quando se concebe o indivíduo unicamente em relação com o Estado e o mercado, como um indivíduo radicalmente autônomo, tais movimentos liberais olham com receio as instituições e as tradições. No entanto, ainda que passe despercebido, existe um "instinto" (se é que podemos chamar assim) que faz com que a maioria das pessoas continue profundamente ligada à família, à comunidade e à história de seu povo.

É nas instituições mediadoras da sociedade — começando pela família —, e não no mercado, que as pessoas encontram um sentido para suas vidas e aprendem as dimensões da confiança e da solidariedade. Por isso, fico preocupado com certa cultura midiática que procura desconectar, especialmente as gerações jovens, das suas mais ricas tradições, afastando-as de sua história, cultura e legado religioso. Uma pessoa sem raízes é muito fácil de dominar.

As convicções religiosas e de outros tipos oferecem perspectivas únicas sobre o mundo — são fontes de bem. São responsáveis por convicções de solidariedade e serviço, que podem fortalecer a sociedade no seu conjunto. São lugares de reconciliação onde as pessoas experimentam o que o mercado nunca poderá lhes dar: seu valor como pessoas, em vez de um mero valor como empregados ou consumidores.

Num diálogo como o sinodal, que vimos na segunda parte deste livro, pessoas de instituições distintas e convicções diversas podem ser capazes de criar harmonias surpreendentes. Os desacordos de natureza filosófica ou teológica — entre credos ou entre grupos seculares e pessoas religiosas — não impedem que se unam e trabalhem por metas partilhadas, contanto que os envolvidos dividam o mesmo zelo pelo bem comum. A rigidez e o fundamentalismo estão presentes em algumas instituições, claro, mas geralmente estas não participam desse tipo de diálogo.

O modelo "*laissez-faire*", centrado no mercado, confunde fins e meios. Em vez de o trabalho ser visto como fonte de dignidade, se torna mero meio de produção; o lucro se torna a meta, em vez de uma forma de alcançar bens maiores. E, a partir disso, podemos acabar caindo no trágico erro de que tudo o que é bom para o mercado é bom para a sociedade.

Não critico o mercado *per se*. Denuncio o cenário, muitíssimo frequente, em que a ética e a economia se dissociam. E critico a ideia, notoriamente fictícia, de que permitir o aumento da riqueza de forma descontrolada criará prosperidade para todos. Para ver que isso é falso, basta olhar à nossa volta: entregues aos seus próprios meios, os mercados geraram imensa desigualdade e enormes danos ecológicos. Uma vez que o capital se converte num ídolo que governa o sistema socioeconômico, ele nos escraviza e nos coloca uns contra os outros, exclui os pobres e põe em perigo o planeta que todos partilhamos. Não é de estranhar que Basílio de Cesareia, um dos primeiros teólogos da Igreja, tenha chamado o dinheiro de "o esterco do diabo".

Por isso, uma economia neoliberal acaba sem outro objetivo real que não seja o crescimento. Em todo caso, as forças do mercado não podem, por si mesmas, alcançar as metas hoje essenciais: regenerar o mundo natural, vivendo de forma mais sustentável e mais sóbria, ao mesmo tempo que cobrir as necessidades dos que, até agora, foram prejudicados ou excluídos desse modelo socioeconômico. Não sairemos melhor desta crise se não aceitarmos um princípio de solidariedade entre os povos.

O mercado é uma ferramenta para o intercâmbio e a circulação de bens para estabelecer relações que nos permitam crescer e prosperar e, também, ampliar nossas oportunidades. Mas os mercados não governam a si mesmos. Precisam estar cimentados em leis e regulamentações que assegurem seu trabalho em função do bem comum. O livre mercado é tudo menos livre para inúmeras pessoas, sobretudo para os pobres, que, na prática, acabam tendo poucas — ou nenhuma — opções. Por isso, São João Paulo II falava de "economia social de mercado": ao incluir o termo social, abria o mercado à dimensão comunitária.

Quando falo de solidariedade, me refiro a muito mais do que à promoção de obras filantrópicas e/ou a assistência financeira àqueles que sofrem as maiores perdas. Porque solidariedade não é partilhar as migalhas da mesa, mas fazer com que, à mesa, haja lugar para todos. A dignidade do povo é um chamado à comunhão: a partilhar e multiplicar os bens e à participação de todos e para todos.

O assunto que devemos abordar, como disse, recentemente, na minha encíclica sobre a fraternidade, é a fragilidade humana, a tendência de nos fecharmos nos nossos interesses mesquinhos. Por isso, precisamos de uma economia com metas que vão além de um enfoque limitado ao crescimento, que ponha no centro a dignidade humana, o emprego e a regeneração ecológica. A dignidade dos nossos povos exige uma economia que não simplesmente habilite a acumulação de bens, mas permita a todos o acesso a trabalho, habitação, educação e saúde dignos.

Sem metas sociais, o crescimento econômico que dá prioridade ao lucro alimentou o capitalismo de compadrio, que não está a serviço do bem comum, mas dos especuladores na "economia líquida". As garantias dos sistemas bancários, os paraísos fiscais que dão margem para a evasão de impostos, a extração de valor das empresas para aumentar os ganhos dos acionistas à custa de outras partes interessadas, o mundo de ilusões e enganos dos derivativos financeiros e outros instrumentos similares — tudo isso tira capital da economia real e desestrutura um mercado saudável, criando níveis de desigualdade sem precedentes na história.

Hoje em dia, há uma grande defasagem entre a consciência dos direitos sociais e a distribuição prática de oportunidades reais. O extraordinário aumento da desigualdade, nas últimas décadas, não é uma fase do crescimento, mas um freio ao mesmo e a origem de muitos males sociais do século XXI. Pouco mais de 1% da população mundial possui metade da sua riqueza. Um mercado cada vez mais dissociado da moral, deslumbrado por sua própria e complexa engenharia que privilegia o lucro e a competição acima de tudo, significa não apenas uma extraordinária riqueza para poucos mas também pobreza e privação para muitos. Significa roubar a esperança de milhões de seres humanos.

Geralmente pensamos na sociedade como um subconjunto da economia e na democracia como uma função do mercado. É hora de restaurar uma ordem justa e encontrar os mecanismos para garantir a todos uma vida digna de ser chamada de humana. Precisamos estabelecer metas para o setor empresarial que, sem negar sua importância, possam ir além de quanto os acionistas se beneficiam e considerem outros tipos de valor que salvem todos nós: comunidade, natureza, trabalho digno. A rentabilidade é um sinal da saúde de uma empresa, mas é necessário medir a rentabilidade de forma mais ampla, considerando metas sociais e ambientais.

Do mesmo modo, precisamos de uma visão política que não trate apenas de gerir o aparato estatal e fazer campanha para reeleição, mas de uma que seja capaz de cultivar a virtude e forjar novos vínculos. É preciso reabilitar "a Política com P maiúsculo", como gosto de chamar: o serviço ao bem comum. Uma vocação, sobretudo para os preocupados com o estado da sociedade e o sofrimento dos mais pobres. Necessitamos de políticos apaixonados pela missão de garantir para todo o povo os três Ts — terra, teto, trabalho —, além de educação e serviços de saúde. Isto é, políticos com horizontes amplos, que abram novos caminhos para que o povo se organize e se expresse. Políticos que sirvam ao povo, não que se sirvam do povo, que caminhem com aqueles que representam, que levem consigo o cheiro dos bairros aos quais servem. Essa política é o melhor antídoto para toda forma de corrupção.

Os dias atuais clamam por uma classe política e de liderança capaz de se inspirar na parábola de Jesus sobre o Bom Samaritano, que mostra como podemos desenvolver nossa vida, nossa vocação e nossa missão. Tantas vezes, o que vemos na base de diversos problemas é a questão da distância. Diante do homem deixado à beira da estrada, alguns decidem continuar andando. Distantes da situação, preferem ignorar os fatos e seguir, como se nada tivesse acontecido. Estão presos nos mais diversos pensamentos e justificativas, e assim seguem adiante.

É o problema de sempre. A miséria se esconde na vergonha; para que possamos vê-la, entendê-la, senti-la, precisamos nos aproximar: não se conhece a miséria de longe, é necessário tocar nela. Reconhecer e se aproximar é o primeiro passo. O segundo consiste em responder de maneira prática e imediata, porque um ato concreto de misericórdia é sempre um ato de justiça.

Mas há um terceiro passo necessário se não quisermos cair no mero assistencialismo: refletir sobre os primeiros dois passos e nos abrir às reformas estruturais necessárias. Uma política autêntica desenha essas mudanças com e através de todos aqueles que são afetados, respeitando sua cultura e sua dignidade. Só é certo olhar os outros de cima quando estamos lhes estendendo a mão para ajudá-los a se levantar. Foi como eu disse em certa conversa com um grupo de religiosos: "O problema não está em dar de comer ao pobre, vestir o nu, acompanhar o doente, mas em considerar que o pobre, o nu, o doente, o preso, o desalojado têm a dignidade para se sentarem às nossas mesas, sentirem-se 'em casa' entre nós, sentirem-se família. Esse é o sinal de que o Reino dos Céus está entre nós."[26]

No mundo pós-pandemia, nem o organizacionismo tecnocrático nem o populismo serão suficientes. Somente uma política enraizada no povo, aberta à organização do próprio povo, poderá mudar o nosso futuro.

Quando a acumulação da riqueza se torna o nosso principal objetivo, quer em nível individual, quer de toda a economia, praticamos uma forma de idolatria que nos aprisiona. Hoje em dia, é inconcebível que tantas mulheres e crianças sejam exploradas por poder, prazer ou lucro. Nossos irmãos e irmãs estão sendo escravizados em depósitos clandestinos, explorados em trabalhos sem registro e levados para redes de prostituição, situação que se agrava ainda mais quando são menores a serem submetidos a tais injustiças, somente por conta da busca pelo lucro e pela avareza de alguns.

Muitas vezes, o tráfico humano está associado a outras pragas globais — tráfico de drogas e armas, comércio de animais silvestres e de órgãos — que degradam o nosso mundo. Essas grandes redes, que geram centenas de bilhões de dólares, não podem sobreviver sem a cumplicidade de gente poderosa. Os Estados parecem incapazes de agir contra elas. Somente um novo tipo de política, que associe os recursos estatais às organizações e instituições radicadas na sociedade civil, próximas ao problema, poderá enfrentar esses desafios.

A dignidade dos nossos povos exige corredores seguros para os migrantes e refugiados, de modo que possam sair, sem medo, de zonas de grande risco para outras mais seguras. Deixar que centenas de migrantes morram em perigosas travessias marítimas ou pelo deserto é inaceitável. O Senhor nos pedirá que prestemos contas por cada um deles.

A quarentena nos fez ter contato com uma realidade quase sempre invisibilizada: é o trabalho mal pago de diversos migrantes que atende as necessidades básicas das sociedades mais desenvolvidas; mesmo assim, essas pessoas são difamadas, usadas como bodes expiatórios, e o direito ao trabalho seguro e digno lhes é negado. A migração é um problema global. Ninguém deveria precisar fugir de seu país. Mas o mal é duas vezes pior quando o migrante se vê obrigado a cair nas mãos de traficantes para que consiga cruzar a fronteira; e triplica quando chegam à terra que pensavam que lhes ofereceria um futuro melhor, mas onde são somente desprezados, explorados, abandonados ou escravizados. Devemos acolher, promover, proteger e integrar aqueles que chegam à procura de uma vida melhor para si mesmos e suas famílias. Os governos, é claro, devem medir com prudência sua capacidade de acolher e integrar.

Houve uma época em que tanto a escravidão como a pena de morte eram tidas como aceitáveis, mesmo em sociedades consideradas cristãs. Com o passar do tempo, a consciência cristã alcançou uma compreensão mais profunda da santidade da vida. Tanto a escravatura como a pena capital são inaceitáveis, mas ambas continuam em vigor: a primeira, clandestinamente; a segunda, aceita sem rodeios como parte do sistema judicial de alguns países desenvolvidos, onde até alguns cristãos tentam justificá-la. Como afirmei no Congresso dos Estados Unidos em 2015: "Uma punição justa e necessária nunca deve excluir a dimensão da esperança e o objetivo da reabilitação."[27]

Ainda que muitos possam se aborrecer ao ouvirem um Papa voltar a este tema, não posso ficar calado quando entre 30 e 40 milhões de vidas por nascer são descartadas, todos os anos, através do aborto.[28] Dói constatar que, em muitas regiões consideradas por si mesmas desenvolvidas, esta prática seja promovida, frequentemente, porque essas crianças geradas são deficientes ou não estavam planejadas.

A vida humana nunca é um fardo. Exige que criemos espaço para ela e não que a descartemos. É claro que a chegada de uma nova vida — seja a criança no ventre, seja o migrante na nossa fronteira — desafia e muda nossas prioridades. Com o aborto e o fechamento das fronteiras, nos negamos a reajustar nossas prioridades, sacrificando vidas humanas para defender nossa segurança econômica ou para sossegar nosso medo de que a paternidade irá bagunçar nossa vida. O aborto é uma injustiça grave. Nunca pode ser uma expressão legítima de autonomia e poder. Se a nossa autonomia exige a morte de outra pessoa, então a nossa autonomia não é outra coisa senão uma jaula de ferro. Muitas vezes me faço estas perguntas: É justo eliminar uma vida humana para resolver um problema? É justo contratar um sicário para resolver um problema?

A ideologia neodarwinista da sobrevivência do mais forte — apoiada por um mercado desenfreado, obcecado pelo lucro e pela soberania individual — penetrou na nossa cultura e endureceu nosso coração. O êxito e o desenvolvimento do paradigma tecnocrático exige, muitas vezes, o sacrifício de vidas inocentes: a criança abandonada na rua; o menor de idade que trabalha numa oficina clandestina e que poucas vezes vê a luz do dia; o trabalhador que é demitido porque a empresa liquida seus ativos, a fim de gerar dividendos para os acionistas; os refugiados a quem a possibilidade de trabalhar é negada;

os idosos deixados à própria sorte em casas de repouso com recursos insuficientes.

Em sua carta encíclica *Humanae Vitae* [Da vida humana] de 1968, meu predecessor São Paulo VI advertiu sobre a tentação de ver a vida humana como mais um objeto sobre o qual os poderosos e os ilustres poderiam exercer seu domínio. Que profética é hoje a sua mensagem! Na atualidade, o diagnóstico pré-natal é usado, comumente, para filtrar os considerados fracos ou inferiores, enquanto, no outro extremo da vida, a eutanásia vai se tornando normal; ou às claras, mediante leis de suicídio assistido em alguns países ou estados, ou às escondidas, através da negligência com os idosos.

Devemos enfrentar as causas mais profundas dessa erosão do valor da vida. Quando toda a consideração sobre o bem comum é eliminada da formulação de políticas públicas, acabamos promovendo a autonomia individual, a ponto de excluir todos os outros valores e referências. Sem a visão de uma sociedade baseada na dignidade de todas as pessoas, essa lógica de mercado irrefreável acaba transformando o dom da vida em um produto.

Há um *midrash*, ou comentário bíblico, do século XII sobre a história da torre de Babel, no capítulo 11 do Livro do Gênesis. A torre era um monumento ao ego do povo de Babel. Para construir a torre, precisou-se de uma enorme quantidade de tijolos, cujo fabrico era muito custoso à época. Segundo o rabino, se um tijolo caía, era uma grande tragédia: a operação parava e o trabalhador negligente era castigado de forma severa. Mas se um trabalhador caía e morria? O trabalho continuava. Um dos que sobravam — escravos que esperavam na fila para trabalhar — tomava seu lugar, para que a torre pudesse continuar a ser erguida.

Quem valia mais, o tijolo ou o trabalhador? Qual deles era considerado um supérfluo descartável na ânsia pelo crescimento incessante?

E o que acontece hoje? Quando ações de grandes corporações caem uns poucos pontos percentuais, vira manchete nos jornais. Os especialistas falam sem parar sobre qual poderá ter sido a causa. Mas quando um sem-teto é encontrado morto de frio nas ruas atrás de hotéis vazios, ou quando uma população inteira passa fome, parece que não chama a atenção — e se por acaso chega a ser notícia, nos limitamos a balançar a cabeça com um gesto de pesar e prosseguimos, acreditando não haver solução.

Foi isso que Jesus quis dizer quando afirmou que não se podia servir a dois senhores, a Deus e ao dinheiro. Na nossa vida, exatamente como nas nossas sociedades, se o dinheiro se coloca no centro de tudo, entramos em uma lógica de sacrifício: seja qual for o custo humano ou o dano ao meio ambiente, a torre deve ser cada vez mais alta. Mas quando se coloca a dignidade das pessoas no centro, cria-se uma lógica nova: a lógica da misericórdia e do cuidado. Então, o que tem verdadeiro valor é reconduzido a seu lugar de direito.

Ou uma sociedade é voltada para uma cultura sacrificial — o triunfo dos mais fortes e a cultura do descarte — ou para a misericórdia e o cuidado. Pessoas ou tijolos: é hora de escolher.

Por trás do crescimento de políticas populistas nos últimos anos existe uma angústia verdadeira: muitas pessoas se sentem postas de lado pela gigantesca e implacável tecnocracia globalizada. Os populismos são descritos com frequência como um protesto contra a globalização, embora se trate mais de um protesto contra a globalização da indiferença. No fundo, refletem a dor pela perda das raízes e da comunidade e um sentimento generalizado de angústia. No entanto, os populismos geram medo e semeiam pânico: são a exploração dessa angústia popular, não sua cura. A retórica muitas vezes cruel dos dirigentes populistas, que difamam o "outro" para defender a identidade nacional ou de um grupo, revela o espírito desses movimentos. É um dos meios usados pelos políticos ambiciosos para chegar ao poder.

Escutar alguns dos dirigentes populistas de hoje me faz lembrar da década de 1930, quando algumas democracias colapsaram em ditaduras, aparentemente de um dia para outro. Ao converter o povo numa categoria de exclusão — ameaçado, de todos os lados, por inimigos internos e externos —, o termo se esvaziou de conteúdo. Vemos mais uma vez esse fenômeno em manifestações onde dirigentes populistas incitam e pregam para a multidão, canalizando seu ressentimento e seus ódios contra supostos inimigos, a fim de distrair as pessoas dos problemas reais.

Em nome do povo, o populismo nega a justa participação de indivíduos que pertencem a tal povo, deixando que um determinado grupo se identifique como o intérprete autêntico do sentimento popular. O povo deixa de ser povo e se transforma em uma massa inerte, manipulada por um partido ou um demagogo. As ditaduras começam quase sempre desta maneira: semeiam o medo no coração do povo, depois se oferecem para defendê-lo do objeto de seu medo, recebendo em troca o poder de determinar seu futuro.

Por exemplo, uma fantasia do nacional-populismo em países de maiorias cristãs é defender a "civilização cristã" de supostos inimigos, sejam eles o islã, os judeus, a União Europeia ou as

Nações Unidas. Essa defesa muitas vezes atrai aqueles que já não são religiosos, mas que consideram a herança da sua nação uma identidade. Seus medos e sua perda de identidade aumentam na mesma época em que sua assiduidade na igreja diminui. A perda da relação com Deus e a perda do significado da fraternidade universal contribuíram para esse sentimento de isolamento e medo do futuro. Então, pessoas não crentes ou superficialmente religiosas votam para que os populistas protejam sua identidade religiosa, sem levar em conta que o medo e o ódio ao outro são incompatíveis com o Evangelho.

O coração do cristianismo é o amor de Deus por todos os povos e o nosso amor pelo próximo, especialmente pelos necessitados. Rejeitar um migrante em dificuldade, seja ele da religião que for, por medo de diluir a cultura "cristã" é uma deturpação grotesca tanto do cristianismo como da cultura. A migração não é uma ameaça para o cristianismo, a não ser na imaginação daqueles que ganham com essa crença. Promover o Evangelho e não acolher o estrangeiro necessitado, ou não afirmar sua humanidade como filho de Deus, é querer fomentar uma cultura que de cristã só tem o nome, esvaziada de todas as suas características.

Para recuperar a dignidade do povo, precisamos ir às periferias, nos encontrar com todos aqueles que vivem às margens das nossas sociedades. Ali se escondem perspectivas capazes de nos oferecer um novo começo. Não é possível sonhar com o futuro enquanto continuarmos a ignorar as vivências de praticamente um terço da população mundial, em vez de vê-las como um recurso. Refiro-me às pessoas e famílias que vivem sem trabalho estável, na periferia da economia de mercado.

São camponeses sem terra e pequenos agricultores, pescadores de subsistência e trabalhadores explorados de fábricas clandestinas, catadores de lixo e vendedores ambulantes, artistas de rua, moradores de favelas e ocupantes ilegais. Nos países desenvolvidos, são os que vivem de bicos. Sem lugar fixo, sem habitação adequada, com acesso limitado a água potável e a alimento de qualidade; tanto eles como suas famílias sofrem todo tipo de vulnerabilidade.

O interessante é que, se conseguimos nos aproximar e deixamos os estereótipos de lado, podemos descobrir que muitos estão longe de ser somente vítimas passivas. Organizados num arquipélago global de associações e movimentos, representam a esperança da solidariedade em uma época de exclusão e indiferença. Na periferia, descobri diversos movimentos sociais, paroquiais e educativos capazes de unir as pessoas e de convertê-las em protagonistas das próprias histórias, de colocar em prática dinâmicas com sabor de dignidade. Assumindo a vida como ela se apresenta, essas pessoas não baixam a cabeça, não adotam uma atitude de resignação nem tampouco ficam se lamentando — pelo contrário, elas se unem, procurando transformar a injustiça em possibilidade. Chamo esses indivíduos de "poetas sociais". Em sua mobilização pela mudança, em sua busca por dignidade, vejo uma fonte de energia moral, uma reserva de paixão cívica, capaz de revitalizar nossa democracia e de reorientar a economia.

A Igreja nasceu precisamente aqui, na periferia da Cruz, onde se encontram tantos crucificados. Se a Igreja se desentende dos pobres, deixa de ser a Igreja de Jesus; revive as velhas tentações de se converter numa elite intelectual ou moral. A única palavra aplicável à Igreja que se torna estranha para os pobres é "escândalo". O caminho das periferias geográficas e existenciais é o caminho da Encarnação: Deus escolheu a periferia como lugar para revelar, em Jesus, Sua ação salvadora na história.

Isso me impulsionou a apoiar os movimentos populares. Quando recebi dirigentes de mais de uma centena desses movimentos no Vaticano, em encontros celebrados em 2014 e 2016, e em Santa Cruz de la Sierra, na Bolívia, em 2015, me dirigi a eles e pudemos dialogar. Esses Encontros Mundiais abordaram a necessidade de darmos ao povo acesso aos "três Ts": terra, teto, trabalho.[29]

Durante a quarentena, escrevi uma carta aos dirigentes dos movimentos populares, para lhes expressar minha proximidade e os encorajar. Eu sabia que eles não apenas estavam excluídos das possibilidades de trabalho, mas que também, por integrarem o setor informal da economia, ficavam fora do alcance de medidas governamentais que protegem os empregos e a subsistência dos cidadãos. Descrevi-os como um "exército invisível" na linha de frente desta pandemia, um exército cujas únicas armas são a solidariedade, a esperança e o sentido de comunidade, e que trabalha incansavelmente por suas famílias, seus bairros e o bem comum.[30]

Para ser claro: não é a Igreja que está "organizando" o povo. São organizações que já existem — algumas cristãs, outras não. Gostaria que a Igreja abrisse mais as suas portas aos movimentos populares; espero que todas as dioceses do mundo colaborem de forma contínua com eles, como algumas já fazem. Mas o meu papel e o da Igreja é acompanhá-los, sem ser paternalista. Isso significa oferecer ensinamentos e orientação, mas nunca impor uma doutrina ou procurar controlá-los. A Igreja ilumina com a luz do Evangelho, despertando os povos para a própria dignidade, mas são os povos que têm o instinto de se organizarem.

A minha convicção de que esses movimentos populares estão gerando algo forte vem do meu tempo como Arcebispo de Buenos Aires. Depois de conhecer uma organização que trabalhava para libertar as vítimas do tráfico humano e de outras formas modernas de escravidão, passei a celebrar uma missa ao ar livre na Plaza Constitución todo mês de julho, destinada sobretudo às pessoas exploradas da periferia da sociedade. Com o tempo, essas missas se converteram em um lugar de encontro para milhares de pessoas, que iam ali rezar e pedir a Deus aquilo de que necessitavam.

Ali, naquela multidão orante, senti o Bom Espírito. Não falo de multidão no sentido anônimo de uma massa de pessoas. Também não me refiro ao tipo de organização que pensa e fala em nome dos pobres, mas ao Povo de Deus, capaz de se unir para rezar pela dor de seus filhos e filhas. Essa multidão unida em prece fez a cidade se lembrar de que já não chorava mais pelo sofrimento das pessoas, de que havia naturalizado o pecado. A voz de liderança nessa multidão é a voz do Espírito Santo, querendo renovar a profecia que, como Igreja, somos chamados a não calar.

Não compete à Igreja organizar todas as ações do povo, mas ela deve impulsionar, acompanhar e apoiar os que as levam adiante. O que é exatamente o contrário do modo como pensam todos os tipos de elite — "tudo pelo povo, nada com o povo", esse povo que supõem ser ignorante e sem rosto.

Mas não é verdade. Porque um povo sabe o que quer e do que precisa — ele tem instinto.

O que encontrei na Plaza Constitución foi uma multidão que me lembrava aquela que seguia o Senhor: o povo humilde que ficava horas escutando Jesus até que anoitecesse e eles não soubessem o que fazer. A multidão que acompanhava Jesus não era uma massa de pessoas hipnotizadas por um orador talentoso, mas um povo com história, que tinha uma esperança e guardava uma promessa.

O povo carrega sempre uma promessa no coração: um convite que o faz caminhar em direção ao que deseja, apesar da exclusão que sofre. A pregação de Jesus evocava nessas pessoas promessas antigas, que levavam nas suas entranhas, no seu sangue: uma consciência ancestral da proximidade de Deus e de sua própria dignidade. Ao levar essa proximidade na maneira como falava, tocava e curava, Jesus demonstrava que essa relação era real. Abriu para essas pessoas um caminho de esperança no futuro, um caminho de libertação que não era meramente político, mas algo mais: uma libertação humana, que conferia essa dignidade que só o Senhor pode nos conceder.

Era por isso que seguiam Jesus. Ele lhes dava dignidade. Na cena tão forte de Jesus a sós com a mulher adúltera, depois de os acusadores terem ido embora, Jesus a unge com dignidade e lhe diz: "Pode ir, e não peque mais" (Jo 8, 11). Para Jesus, toda pessoa é capaz de dignidade, tem valor. Jesus restitui o verdadeiro valor de cada um e do povo, porque é capaz de ver com os olhos de Deus: "Viu que era bom" (Gn 1, 10).

Para fazer isso, ele precisou rejeitar a mentalidade das elites religiosas do seu tempo, que tinham se apoderado da lei e da tradição. A posse dos bens da religião se convertera num meio de se colocarem acima dos outros, dos que não eram como eles, inspecionando-os e julgando-os. Misturando-se com cobradores de impostos e "mulheres de má fama", Jesus recuperou a religião aprisionada dos ambientes das elites, do conhecimento especializado e das famílias privilegiadas, para tornar cada pessoa e cada situação capaz de Deus (*capax Dei*). Caminhando com os pobres, com os rejeitados e marginalizados, Jesus derrubou o muro que impedia o Senhor de estar perto do seu povo, no meio do seu rebanho.

Ao mostrar a proximidade de Deus aos pobres e pecadores, Jesus denunciou a mentalidade que confia na autojustificação, ignorando o que se passa a seu redor. Ele questionou o tipo de mentalidade que, nos piores casos, leva ao uso de termos racistas, insultando os que não pertencem a determinado grupo, este que pinta os migrantes como uma ameaça e constrói muros para dominar e excluir.

O que vi nas pessoas que se juntavam na Plaza Constitución era a multidão que seguia Jesus: tinha dignidade e era organizada. Levava dentro de si a dignidade que a proximidade de Deus lhe revelara.

Entre eles estavam os *cartoneros*, homens e meninos que percorrem as ruas de noite em busca de papelão e outros materiais para vender aos recicladores. Os *cartoneros* surgiram do colapso econômico argentino de 2001 e 2002. Eram vistos pelas ruas arrastando enormes fardos com o material que recolhiam. Lembro-me de que, uma noite, vi uma carroça puxada pelo que julguei ser um cavalo, mas, quando me aproximei, percebi que eram dois garotos de menos de 12 anos. As leis municipais haviam proibido o uso de transportes conduzidos por animais, mas, pelo visto, uma criança valia menos do que um cavalo.

Com o tempo, dezenas de milhares de *cartoneros*, com seu sentido de dignidade, se organizaram e conseguiram o direito a remuneração e proteção. Você pode pensar: é para isso que servem os sindicatos. Em geral, os sindicatos concentram sua atuação nos trabalhadores formais, procurando ampará-los e garantir que tenham um trabalho digno. Mas, infelizmente, hoje em dia não são muitos os sindicatos que se dedicam às periferias. Muitos estão afastados das margens da sociedade.

Depois de ter conhecido os *cartoneros*, eu me juntei a eles uma noite durante suas rondas. Fui com roupas comuns, sem a cruz peitoral de bispo; apenas os dirigentes sabiam quem eu era. Vi como trabalhavam, como viviam das sobras da sociedade, reciclando o que a cidade descartava, e vi também como algumas elites também os identificavam como sobras. Ao andar com eles à noite, pude ver a cidade através de seus olhos e perceber a indiferença que recebiam — essa indiferença que se transforma em uma violência silenciosa e educada.

Vi o rosto da "cultura do descarte". Mas também vi a dignidade dos *cartoneros*: como se esforçam para manter suas famílias e dar de comer aos filhos, como trabalham juntos, como uma comunidade. Ao se organizarem, eles criaram a dinâmica própria de conversão, uma reciclagem de suas próprias vidas. E no processo mudaram a maneira como os argentinos viam o lixo, ajudando-os a compreender o valor de reutilizar e reciclar.

Não estou idealizando os *cartoneros*: eles têm desavenças e conflitos e alguns querem se aproveitar dos outros, como existe em qualquer estrato da sociedade. Mas fiquei comovido por sua solidariedade e hospitalidade — como, ao saber que um deles estava passando por necessidades, todos se uniam pelo bem da família. Os *cartoneros* são um exemplo de pessoas na periferia que se organizam para sobreviver, e uma amostra da dignidade, que é a marca dos movimentos populares.

Quando aqueles deixados de lado se organizam, não por amor a uma ideologia ou para ganhar poder, mas para que suas famílias tenham acesso aos três Ts — terra, teto, trabalho —, podemos dizer que ali está um sinal, uma promessa, uma profecia. Por isso, como Papa, acompanhei e encorajei movimentos populares de todo o mundo. Dirigi uma mensagem a eles, por exemplo, em uma reunião em Modesto, Califórnia, em fevereiro de 2017, organizada pela Conferência dos Bispos Católicos dos Estados Unidos e pela Pico, uma rede nacional de organizações comunitárias.

Em cada encontro, disse a eles que reverter o processo de desumanização no mundo atual dependerá da participação dos movimentos populares. São semeadores de um novo futuro, promotores da mudança de que precisamos: pôr a economia a serviço do povo, instituir a paz e a justiça e defender a Mãe Terra.

A saúde de uma sociedade pode ser julgada pela sua periferia. Uma periferia abandonada, à parte, desprezada e negligenciada indica uma sociedade instável, insalubre, que não pode sobreviver muito tempo sem grandes reformas. Cito novamente Hölderlin: "Onde está o perigo, cresce também o que salva." Dos limites vem a esperança de restituir a dignidade do povo. Isso é verdade, não apenas para a periferia de pobreza e privação, mas para todas as periferias criadas pela perseguição religiosa ou ideológica e outros tipos de brutalidade. Abrindo-nos às periferias, às organizações populares, damos impulso à mudança.

Abraçar a periferia é ampliar nossos horizontes, já que vemos com maior clareza e amplitude quanto estamos às margens da sociedade. Precisamos recuperar a sabedoria escondida em nossos bairros e que ficam visíveis através dos movimentos populares. Menosprezar essas mobilizações, descrevendo-as como algo "pequeno" e "local", é um erro; seria não ver sua força e relevância.

Os movimentos populares têm o potencial de revitalizar nossas sociedades, resgatando-as de tudo aquilo que hoje as enfraquece.

Os encontros de movimentos populares no Vaticano e em outros lugares permitiram estabelecer um plano de mudança, que já vinha sendo desenvolvido por eles. Defenderam um comportamento que rejeita o consumismo e recupera o valor de todas as vidas, da solidariedade e do respeito pela natureza como valores essenciais; que se compromete com a alegria de "bem viver", em vez do "bem-estar" complacente e egoísta que o mercado nos vende e que acaba por nos isolar e nos fechar em nossos mundinhos.

Reivindicaram habitação e trabalho dignos, bem como o acesso à terra aos pequenos produtores; a integração de bairros urbanos pobres na vida da cidade; a erradicação da discriminação e da violência contra a mulher; a extinção de todas as formas de trabalho escravo; o fim à guerra, ao crime organizado e à repressão; o reforço à liberdade de expressão e comunicação democráticas; e a garantia de que a ciência e a tecnologia estejam a serviço do povo. Nada disso pode acontecer sem mudanças em cada comunidade, que, por sua vez, só podem ocorrer mediante ações concretas, com todos sendo protagonistas e que nasça da visão, do julgamento e da atitude: percebendo a necessidade, discernindo que caminho seguir e chegando a um consenso para, então, agir.

Algumas tentações nos distrairão: ficar ruminando uma sensação de impotência e indignação, nos perder em conflitos e reclamações; focar em slogans e ideias abstratas, em vez de em ações específicas e locais. Não sejamos ingênuos: haverá sempre o perigo da corrupção. Por isso, para nos unirmos à causa e ao estilo dos movimentos populares, necessitamos sempre de humildade e de um pouco de austeridade pessoal;

é um caminho de serviço, não uma rota para o poder. Por exemplo, se você tem um fraco por restaurantes finos, carros de luxo e outras coisas do gênero, não se meta em movimentos populares nem na política (nem, por favor, no seminário). Um estilo de vida sóbrio, humilde, dedicado ao serviço, vale muito mais do que milhares de seguidores nas redes sociais.

O nosso maior poder não é o respeito que as pessoas têm por nós, mas a possibilidade de servir a elas. Em cada ação que fazemos pelos outros, assentamos as bases para restaurar a dignidade dos nossos povos e comunidades, o que nos permite curar, cuidar e partilhar melhor. Embora essas ações tenham que envolver todos nós, líderes políticos e de empresas podem fazer muito para facilitar a concretização dessas prioridades, que não são nada além das necessidades do povo de que fazem parte.

Para nos ajudar a visualizar esse futuro melhor, podemos pensar naqueles "três Ts" que os movimentos populares promovem. Se pusermos a terra, o teto e o trabalho digno para todos no centro das nossas ações, poderemos criar um círculo virtuoso que, com o tempo, nos ajude a restaurar a dignidade dos nossos povos.

TERRA

Somos seres terrestres, que pertencem à Mãe Terra, e não podemos viver somente à custa dela; nossa relação deve ser de reciprocidade. Precisamos de um Jubileu, um tempo em que aqueles que têm de sobra consumam menos, para que a terra se cure, e um tempo para que os excluídos encontrem seu lugar nas nossas sociedades. A pandemia e a crise econômica nos oferecem uma oportunidade de examinarmos nosso estilo de vida, mudarmos hábitos destrutivos e encontrarmos maneiras mais sustentáveis de produzir, fazer negócios e transportar bens.

Também podemos começar a implementar uma conversão ecológica em todos os níveis da sociedade, como propus na *Laudato Si'*: passando dos combustíveis fósseis para a energia renovável; respeitando ou implementando políticas de biodiversidade; garantindo acesso a água limpa; adotando estilos de vida mais comedidos; mudando nossa compreensão dos conceitos de valor, progresso e êxito, levando em conta o impacto das nossas empresas no meio ambiente. Como comunidade mundial, precisamos nos comprometer com os Objetivos de Desenvolvimento Sustentável das Nações Unidas para o ano de 2030. Aproveitemos os próximos anos para praticar uma ecologia *integral*, para que o princípio de regeneração ecológica molde as decisões que tomarmos em todos os níveis.

Isso significa examinar de forma crítica o impacto dos nossos métodos industriais no meio ambiente e dos agronegócios nos pequenos produtores. É necessário pôr mais terra à disposição de pequenos agricultores cuja produção é voltada para o consumo local e que utilizam métodos orgânicos e sustentáveis. É preciso que nossas terras produzam não somente alimentos, mas também solos saudáveis e biodiversidade.

Os bens e os recursos da terra são destinados a todos. Ar fresco, água limpa e uma dieta equilibrada são vitais para a saúde e o bem-estar dos nossos povos. Ponhamos a regeneração da terra e o acesso universal aos seus bens no núcleo do nosso futuro pós-pandemia.

TETO

Por "teto" me refiro, obviamente, à casa onde vivemos; mas, num sentido mais amplo, também ao nosso *hábitat* geral.

A concentração nas cidades é cada vez maior, e o que acontece nelas é crucial para o futuro da nossa civilização. É difícil termos consciência da nossa dignidade quando estamos submersos em centros urbanos sem alma, sem história. É difícil falar de pertencimento e responsabilidade conjunta se pensamos em grandes áreas urbanas que promovem o anonimato, a solidão e o desamparo. A degradação do nosso ambiente urbano é um sinal do esgotamento cultural. Quando o nosso ambiente é caótico, fragmentado ou saturado de ruído e feiura, é difícil ser feliz e falar de dignidade.

Restaurar a dignidade dos nossos povos significa prestar atenção ao nosso *oikos*, à nossa casa comum. Há muito a fazer para humanizar o nosso ambiente urbano: criar, cuidar e investir em áreas comuns e espaços verdes; assegurar habitações sustentáveis e adequadas para as famílias; desenvolver bairros e sistemas de transporte público de qualidade, que reduzam a contaminação e o ruído e favoreçam uma mobilização ágil e segura. É necessário, ainda, dignificar as zonas periféricas das nossas cidades, integrando-as por meio de políticas sociais capazes de reconhecer e valorizar o aporte cultural que podem trazer. Transformando nossas cidades dessa forma, geraremos riqueza cultural e social, o que possibilitará e estimulará o cuidado com o meio ambiente.

Mas todos esses esforços devem ser conduzidos pelos agentes locais, a partir de sua própria cultura, apoiados pelo Estado, claro, mas respeitando sempre a voz e a atuação dos habitantes do lugar e de suas instituições. A meta deve ser criar uma estrutura em que as redes de pertencimento e solidariedade prosperem, restaurando vínculos de comunidade e fraternidade, conectando instituições que tenham fortes laços com a comunidade aos movimentos populares. Quando as organizações atuarem juntas, transcendendo fronteiras de crença e etnia para alcançar objetivos concretos para a comunidade, então poderemos dizer que nossos povos reivindicaram de volta sua alma.

TRABALHO

Deus nos deu a terra para cuidar e cultivar. Nosso trabalho é condição fundamental para nossa dignidade e bem-estar. Não é privilégio exclusivo dos empregados nem dos empregadores, mas um direito e um dever para todos os homens e mulheres.

Como será o nosso futuro, quando 40% ou 50% dos jovens não tiverem trabalho, como já acontece hoje em alguns países? O povo pode precisar de assistência específica por um tempo, mas não deveria precisar viver de auxílio-desemprego. Cada um precisa conseguir alcançar uma vida digna por meio do trabalho, para manter sua família e se desenvolver como pessoa, em primeiro lugar, mas também para enriquecer seu ambiente e sua comunidade. O trabalho é a capacidade que o Senhor nos concedeu para contribuirmos com Sua própria ação criadora. Através do trabalho, nós moldamos a Criação.

Por isso que, como sociedade, devemos assegurar que o trabalho seja não apenas uma maneira de ganhar dinheiro, mas de expressão, participação e construção do bem comum. Priorizar o acesso ao trabalho deve ser uma meta central das políticas públicas de uma nação.

Muitos termos do mundo dos negócios sugerem o objetivo fraternal da atividade econômica, que precisamos restabelecer nos dias atuais. Por exemplo, *companhia* vem de partilhar, juntos, o pão; *corporação* quer dizer integração no corpo. Os negócios não são somente uma iniciativa privada; devem servir ao bem comum. *Comum* vem do latim *cum-munus*: "*cum*" significa em conjunto, enquanto "*munus*" é um serviço dado como presente ou por um senso de dever. Nosso trabalho engloba tanto uma dimensão individual como uma comum. É uma fonte de crescimento pessoal e também chave para restaurar a dignidade dos nossos povos.

Com bastante frequência, o que vemos é o completo oposto: apesar de gerarem valor, os trabalhadores são tratados como um elemento descartável da empresa, ao passo que alguns acionistas — com seu interesse limitado a maximizar os lucros — é quem tomam as decisões. A nossa definição do valor do trabalho também é muito restrita. Devemos superar a ideia de que o trabalho de quem cuida de um familiar, ou o de uma mãe em tempo integral, ou o de um voluntário num projeto social que assiste centenas de crianças não é trabalho porque não há salário.

Reconhecer o valor do trabalho não remunerado para a sociedade é vital para repensarmos o mundo pós-pandemia. Por isso, acredito que seja hora de explorar conceitos como o de renda básica universal, também conhecido como imposto de renda negativo: um pagamento fixo incondicional a todos os cidadãos, que poderia ser distribuído através do sistema tributário.

A renda básica universal poderia redefinir as relações no mercado laboral, garantindo às pessoas a dignidade de rejeitar condições de trabalho que as aprisionam na pobreza. Daria aos indivíduos a segurança básica de que precisam, eliminando o estigma do seguro-desemprego, e facilitaria a mudança de um trabalho para outro, como cada vez mais os imperativos tecnológicos no mundo trabalhista exigem. Políticas como essa também podem ajudar as pessoas a combinar tempo dedicado a trabalho remunerado com tempo para a comunidade.

Com o mesmo objetivo, é bem possível que seja também hora de considerar uma redução no horário de trabalho, com o ajuste salarial correspondente, o que paradoxalmente pode aumentar a produtividade. Trabalhar menos, para que mais gente tenha acesso ao mercado de trabalho, é um aspecto do tipo de pensamento que precisamos explorar com certa urgência.

Ao tornar a integração dos pobres e o cuidado com o meio ambiente objetivos centrais da sociedade, podemos gerar trabalho e humanizar nosso entorno. Com uma renda básica universal, liberamos e garantimos que as pessoas sejam capazes de trabalhar em função de sua comunidade de forma digna. Ao adotar métodos sustentáveis mais intensivos na produção de alimentos, regeneramos o mundo natural, criamos trabalho e biodiversidade e vivemos melhor.

Tudo isso significa ter metas para o bem comum do desenvolvimento humano, em vez de confiar nas falsas suposições do famoso "efeito de gotejamento", o qual prega que o crescimento da economia fará todos mais ricos. Se focarmos na terra, no teto e no trabalho, poderemos recuperar uma relação saudável com o mundo e crescer a partir do serviço aos outros.

Desse modo, transcenderemos a mesquinha mentalidade individualista do paradigma liberal, sem cair na armadilha do populismo. A democracia, então, se revitaliza, graças às preocupações e à sabedoria do povo ligado a ela. A política pode voltar a ser uma expressão de amor através do serviço. Ao pôr a restauração da dignidade dos nossos povos como objetivo central do mundo pós-pandemia, fazemos com que a dignidade de todos seja o que move nossas ações. Garantir um mundo em que a dignidade seja valorizada e respeitada por meio de ações concretas não é apenas um sonho, mas o caminho para um futuro melhor.

Epílogo

Podemos nos perguntar: E agora, o que eu devo fazer? Qual seria o meu lugar nesse futuro, e como posso torná-lo possível?

Duas palavras me vêm à mente: *descentrar* e *transcender*.

Veja no que você está centrado e descentre. A missão é abrir as portas e as janelas e ir além. Lembre-se do que eu disse no início, sobre o risco de ficarmos presos nas mesmas formas de pensar e agir. Devemos evitar a tentação de nos centrarmos apenas em nós mesmos.

Uma crise nos obriga a nos movimentar, mas é possível se mover sem ir a lugar nenhum. Na quarentena, muitos de nós saímos de nossas casas ou apartamentos para comprar o essencial ou dar uma volta no bairro para esticar as pernas. Mas depois voltamos para onde estávamos, como um turista que passa uma semana na praia ou nas montanhas para relaxar e depois retorna à sua rotina asfixiante. Ele se moveu, mas para os lados, e acaba voltando ao ponto de partida.

Em oposição a isso, prefiro a imagem do peregrino, alguém que se descentra e, assim, consegue transcender. Sai de si mesmo, se abre para um novo horizonte, quando volta para casa, já não é mais o mesmo, e sua casa também não será.

É tempo de peregrinação.

Há um tipo de caminhar para a frente que segue um estilo caracol, você entra cada vez mais em sua própria concha, como o mito grego do labirinto no qual Teseu entra.

O labirinto não precisa ser um espaço físico, onde damos voltas e mais voltas; podemos criar na nossa mente um labirinto a partir do futuro. Jorge Luis Borges tem um conto, "O jardim dos caminhos que se bifurcam", sobre um romance em que vários futuros e resultados são possíveis, cada um levando ao seguinte, onde nada se resolve, porque nenhuma possibilidade exclui a outra. É um pesadelo, porque não existe a possibilidade real de uma saída.

Do labirinto só se sai de dois modos: por cima, se descentrando e transcendendo, ou se deixando conduzir pelo fio de Ariadne.

Hoje, o mundo está num labirinto, e estamos dando voltas e tentando não ser devorados por muitos "minotauros"; ou estamos avançando, mas por caminhos bifurcados de infinitas possibilidades, que nunca nos levam para onde precisamos ir.

O labirinto pode ser a nossa suposição de que a vida voltará à "normalidade". Pode refletir nosso egoísmo, nosso individualismo, nossa incapacidade de enxergar, nosso desejo de que as coisas voltem a ser como eram, ignorando que, antes, também não estávamos bem.

No mito grego, Ariadne dá a Teseu um novelo, para que ele consiga se guiar e sair do labirinto. O novelo que nos foi dado é a nossa criatividade para superar a lógica do labirinto, para nos descentrarmos e transcendermos. O presente de Ariadne é o Espírito que nos chama a sair de nós mesmos — o "puxão na linha" de que falou G. K. Chesterton na série de histórias do padre Brown. São os outros que, como Ariadne, nos ajudam a encontrar saídas, a dar o melhor de nós mesmos.

O pior que pode acontecer conosco é ficarmos para trás, nos olhando no espelho, enjoados de tanto rodarmos sem achar uma saída. Para sair do labirinto, é preciso deixar a cultura da *selfie* e ir ao encontro dos outros: olhar os olhos, os rostos, as mãos e as necessidades daqueles que nos rodeiam, e assim também descobrir nosso rosto, nossas mãos cheias de possibilidades.

Uma vez que sentirmos esse "puxão", há muitas maneiras de sair do labirinto. O que todas elas têm em comum é que trazem a compreensão de que nós pertencemos uns aos outros, de que somos parte de um povo, de que nosso destino está atrelado a um destino comum. "Certamente os acontecimentos decisivos da história do mundo foram essencialmente influenciados por almas sobre as quais nada se diz nos livros de história", escreve Edith Stein (Santa Teresa Benedita da Cruz). "E quais são as almas a quem devemos agradecer os acontecimentos decisivos da nossa vida pessoal é algo que só saberemos no dia em que tudo o que está oculto for revelado."[31] Essas são almas capazes de dar um puxão na nossa linha.

Deixe-se ser puxado, sacudido, questionado. Talvez por alguma coisa que tenha lido nestas páginas, talvez por um grupo de pessoas de quem ouviu falar nas notícias, ou que conhece do seu bairro, cuja história o comoveu. Talvez o que o esteja chamando seja um lar de idosos, um centro de refugiados ou um projeto de restauração ecológica. Ou talvez sejam pessoas próximas da sua casa que precisam de você.

Quando você sentir o puxão, pare e reze. Leia o Evangelho, se for cristão. Ou apenas crie um espaço dentro de si mesmo para escutar. Se abra... se descentre... transcenda.

E depois aja. Faça uma ligação, uma visita, ofereça seu serviço. Diga que não tem a menor ideia do que fazem, mas que talvez possa ajudar. Diga que gostaria de contribuir para um mundo diferente e que considerou aquele um bom lugar para começar.

Gostaria de terminar com um poema que li na quarentena, enviado por um amigo da Argentina. Houve certa confusão sobre o autor, que por fim descobri ser um ator e comediante cubano que mora em Miami. Quando falei pelo telefone com Alexis Valdés, ele me disse que escreveu "Esperança" ("Esperanza") de uma vez só, sem mudar as palavras, como se Deus o estivesse usando como um canal. O poema viralizou, comovendo muita gente — inclusive a mim. Ilustra o caminho para um futuro melhor que procurei expressar neste livro. Deixemos que esta poesia e sua beleza tenham a última palavra, nos ajudando a nos descentrar e a transcender, para que nossos povos tenham vida (Jo 10, 10).

ESPERANÇA

Quando a tempestade tiver passado
e as estradas estiverem amansadas
e nós formos sobreviventes
de um naufrágio coletivo.

Com o coração em lágrimas
e o destino abençoado
nos sentiremos felizes
simplesmente por estarmos vivos.

E daremos um abraço
ao primeiro desconhecido
e louvaremos a sorte
de conservar um amigo.

E então recordaremos
tudo aquilo que perdemos
e de uma vez aprenderemos
tudo o que não aprendemos.

Já não teremos inveja
pois todos terão sofrido.
Já não teremos apatia
seremos mais compassivos.

Valerá mais o que é de todos
que o jamais conseguido.
Seremos mais generosos
e muito mais comprometidos.

Entenderemos o frágil
que significa estar vivos.
Suaremos empatia
por quem está e por quem partiu.

Sentiremos falta do velho
que pedia uma moeda no mercado,
de quem não soubemos o nome
e sempre esteve ao nosso lado.

E talvez o velho pobre
fosse o seu Deus disfarçado.
Nunca lhe perguntara o nome
porque estava apressado.

E tudo será um milagre
e tudo será um legado
e se respeitará a vida,
a vida que ganhamos.

Quando a tormenta passar
peço-lhe, Deus, envergonhado,
que nos retorne melhores,
como nos tinha sonhado![32]

Pós-escrito
por Austen Ivereigh

Vamos sonhar juntos nasceu na quarentena, especificamente no momento em que o Papa Francisco apareceu na Praça de São Pedro, como um piloto de tempestades, para guiar a humanidade por uma de suas noites mais escuras.

Foi no dia 27 de março de 2020, quinze dias antes daquela Páscoa desconcertante de igrejas vazias e ruas desertas, quando da praça escura, chuvosa e abandonada, ele deu uma intensa e inesperada reflexão *Urbi et Orbi*. Assistido por milhões de pessoas em seus televisores e tablets, Francisco deixou claro que a humanidade se encontrava em um momento decisivo, um tempo de provação, do qual poderíamos ou sair melhores ou retroceder drasticamente.

Pouco depois, o Papa partilhou comigo, em uma entrevista que saiu às vésperas da Páscoa, algumas de suas observações sobre as tentações, os obstáculos e as oportunidades que a crise nos apresentava. Como é frequente com Francisco, essas perspectivas vieram à tona como flashes de intuição, que me deixaram ansioso para saber mais. Em seguida, logo depois da Páscoa, foi anunciado que Francisco havia nomeado uma comissão do Vaticano para consultar peritos de todo o mundo sobre o futuro pós-pandemia. O Papa pediu à comissão que "preparasse o futuro": ele via a Igreja não apenas respondendo ao que estava por vir, mas ajudando a moldar esse horizonte. Visto de fora, o "Papa confinado", separado do povo, parecia impotente. Mas pessoas próximas dele me disseram o contrário: que se sentia energizado pelo que entendia ser um momento de abertura e pelo movimento de espíritos que via nisso.

Aquele me pareceu um momento adequado para lhe sugerir um livro em que ele desenvolvesse suas ideias e as colocasse à disposição de um público mais amplo. Para minha surpresa, ele concordou, mas deixou claro que necessitaria, da minha parte, de mais do que apenas uma série de perguntas. Como ficou evidente em suas homilias cotidianas, transmitidas ao vivo a partir de sua residência durante o confinamento, ele tinha muito a dizer, e não bastava o formato de perguntas e respostas.

A resposta de Francisco à crise não foi simplesmente oferecer diagnósticos e receitas. O que o preocupava era o processo de transformação propriamente dito: como se dá a mudança histórica, como resistimos ou acolhemos esse processo — a dinâmica da conversão. Por ter pesquisado sua vida, eu sabia que este era — entre os seus muitos dons — um carisma particular, forjado durante décadas de liderança espiritual na Argentina, sua terra natal, e de que se servia agora, como Papa, em sua caminhada com a humanidade. Francisco era, por assim dizer, o diretor espiritual do mundo; e agora que o mundo tinha entrado em um momento sombrio, ele caminhava conosco, iluminando os caminhos à nossa frente e nos alertando para a iminência do precipício. Ele queria comunicar a urgência de abrir o povo à graça que sempre esteve à disposição em tempos de tribulação e, assim, deixar que Deus moldasse nossa história.

Sugeri que criássemos uma narrativa estruturada em três partes, que captasse esse processo de conversão. O método "ver-julgar-agir" já foi muito usado pela Igreja latino-americana como uma forma de responder à mudança. Francisco reformulou esse processo em outros termos ("contemplar-discernir-propor"), mas a abordagem foi basicamente a mesma. Primeiro, examinar a realidade, por mais incômoda que ela seja, sobretudo a verdade do sofrimento nas periferias da sociedade. Segundo, discernir as diferentes forças em jogo, distinguindo o que constrói do que destrói, o que humaniza do que desumaniza e, desse modo, escolhendo o que é de Deus e resistindo ao contrário. Por último, propor um olhar novo e passos concretos que surjam do diagnóstico sobre o mal que nos afeta e de como podemos atuar de outra maneira. Essa é a estrutura básica de *Vamos sonhar juntos*, dividido em três "tempos": de ver, de escolher e de agir.

Durante minhas conversas com Francisco, entre junho e agosto de 2020, eu o convidei a aprofundar duas áreas de seu pensamento relacionadas à unidade na ação, que foram, de alguma maneira, seu projeto de vida, a chave de sua liderança espiritual.

Uma foi a questão de como é possível construir a unidade a partir da tensão, conservando as diferenças para que se tornem fecundas, em vez de deixá-las cair em contradição. Essa é a dinâmica principal dos processos sinodais que ele fomentou na Igreja, e a mesma de que a humanidade precisa urgentemente neste momento. A outra questão tem a ver com o efeito catalisador da consciência de ser Povo de Deus e como o povo se organiza a partir dessa consciência. Francisco acredita, como é mostrado nestas páginas, que a verdadeira mudança não vem de cima, mas das periferias, onde Cristo vive. Por trás dessa convicção está a rica tradição de reflexão da Igreja na Argentina, conhecida como "Teologia do Povo".

Ambos os temas, centrais no seu pontificado, têm sido amplamente mal compreendidos; ambos são essenciais para sairmos melhor da crise.

No início, eu fazia perguntas e ele gravava suas ideias; a primeira parte do livro é fruto dessa troca. Mas à medida que a obra se desenvolvia, foi se convertendo mais em uma colaboração do tipo mestre-discípulo: ele me enviava referências e artigos, fazia sugestões e dava ideias. *Vamos sonhar juntos* nasceu organicamente desses intercâmbios, seguido por suas revisões e sugestões, nos permitindo a criação de dois textos: um que soava natural em inglês, minha língua materna, e o outro no seu espanhol, usando suas próprias frases e o modo de falar do povo de Buenos Aires. Terminamos precisamente no momento em que Francisco passou a retomar seus encontros e as pessoas voltaram a aparecer na praça. Começava uma nova era da crise, mais complexa do que a quarentena.

Em suas mensagens de despedida, no final das gravações, notava-se que Francisco estava cheio de energia, paixão e humor. Mas também pude perceber a intensidade com que vivia aquele momento: como sofria com os outros e seu senso de urgência. Foi inexoravelmente afetuoso e encorajador, e passou a se envolver cada vez mais na revisão, para que logo alcançássemos a linha de chegada. Sempre serei profundamente grato por sua confiança.

Também gostaria de agradecer aos padres Diego Fares e Augusto Zampini-Davies pelo apoio e as contribuições; a Julia Torres, em Roma, e a Maria Galli-Terra, em Montevidéu, pela ajuda na sincronização da versão em espanhol; ao Padre Manuel Losa, pela tradução para o português; e a Alexis Valdés, por seu famoso poema. Devo muito à equipe de Eamon Dolan, na Simon & Schuster, que acelerou heroicamente uma operação de alta velocidade, num momento extremamente difícil para o mundo editorial. Meu "muito obrigado" de sempre a Stephen Rubin, que é mais que um editor, e a Bill Barry, que é mais que um agente literário; a minha esposa, Linda, pelo apoio paciente e pelo magnífico auxílio; e a Nossa Senhora Desatadora dos Nós, pela ajuda quando eu mais precisava.

Notas

1 Friedrich Hölderlin, *Sämtliche Werke*, Stuttgarter Ausgabe Band 2, Teil 1, S. 165, Stuttgart, 1951.
2 Em abril de 2016, o Papa Francisco visitou Lesbos, acompanhado por dois dirigentes da Igreja ortodoxa: Sua Santidade Bartolomeu, Patriarca Ecumênico de Constantinopla, e Sua Beatitude Jerônimo, Arcebispo de Atenas e de toda a Grécia. Regressou a Roma com doze refugiados muçulmanos.
3 O encontro de 190 líderes mundiais em Paris é conhecido como COP21, por ser a 21ª Conferência das Partes da Convenção-Quadro das Nações Unidas sobre a Mudança do Clima, de 1992. O acordo firmado em Paris de limitar o aumento da temperatura da Terra neste século a 1,5 °C foi um feito histórico que muitos depois atribuíram em parte à *Laudato Si'* e aos esforços do Papa Francisco. Ver *Wounded Shepherd: Pope Francis and His Struggle to Convert the Catholic Church* (Henry Holt, 2019), pp. 216-18, de Austen Ivereigh.
4 *Morals of the Book of Job*, por São Gregório Magno, Ed. Paul A. Böer Sr., Veritatis Splendor Publications, 2012, Livro 10, nº 47.
5 Aqui o Papa Francisco refere-se a esse período (1990-92) que passou em Córdoba, uma cidade entre as montanhas, situada na região central da Argentina. Aconteceu no final de uma época turbulenta da Companhia de Jesus na província argentina, após mais de uma década em que Jorge Mario Bergoglio exerceu o papel de líder dominante e carismático, quer como provincial (1973-79), quer como reitor do colégio dos Jesuítas, o Colégio Máximo, na província de Buenos Aires. Nessa altura, com pouco mais de cinquenta anos, Bergoglio foi enviado para Córdoba. Esse período chegou ao fim quando o então Arcebispo de Buenos Aires, Cardeal Antonio Quarracino, pediu ao Papa João Paulo II que o nomeasse seu bispo auxiliar. Tal época dolorosa, mas fecunda, durante a qual Jorge Mario Bergoglio sofreu muito e escreveu alguns dos seus ensaios mais profundos, é descrita no capítulo cinco de *The Great Reformer: Francis and the making of a radical pope*, de Austen Ivereigh.
6 Nos seus *Exercícios Espirituais*, o fundador da Companhia de Jesus, Santo Inácio de Loyola, observa: "é próprio do anjo mau, que se disfarça em anjo de luz… Isto é, trazer pensamentos bons e santos, acomodados a essa alma, e, depois, pouco a pouco, procurar sair-se, trazendo a alma aos seus enganos encobertos e perversas intenções". *Exercícios Espirituais*, Editorial A.O., Braga, 2016.
7 *Ut annis consolidetur, dilatetur tempore, sublimetur aetate* é uma famosa máxima de São Vicente de Lérins, que morreu por volta do ano 450 e foi o principal teólogo da Abadia de Lérins, na França.
8 Francisco Luis Bernárdez, "Soneto", de *Cielo de tierra* (1937).

9 Kate Raworth, autora de *Economia donut: Uma alternativa ao crescimento a qualquer custo* (Zahar, 2019), e Mariana Mazzucato, de *The Value of Everything: Making & Taking in the Global Economy* (Penguin Random House, 2019), estão entre as cinco economistas que estão "revolucionando o seu campo", segundo um artigo da revista *Forbes* (Avivah Wittenberg-Cox, "5 Economists Redefining... Everything. Oh Yes, And They're Women". Disponível em: https://www.forbes.com/sites/avivahwittenbergcox/2020/05/31/5-economists-redefining-everything-oh-yes-and-theyre-women/). Outra economista influente, a professora Alexandra Smerilli é membro da comissão pós-pandemia do Vaticano.

10 Todos os "dicastérios" (como são denominados os departamentos) do Vaticano têm consultores nomeados pelo Papa. Reúnem-se regularmente em Roma a fim de assessorar e dar opiniões, trazendo perspectivas externas ao processo de tomada de decisões. Francisco é o primeiro Papa, por exemplo, a ter nomeado (três) mulheres consultoras para a Congregação para a Doutrina da Fé e (duas) para a Congregação para o Culto Divino, possibilitando às mulheres serem ouvidas em dois dos departamentos mais importantes do Vaticano, responsáveis pela doutrina e pela liturgia.

11 Aqui o Papa Francisco refere-se à seção sob a Secretaria de Estado que atua como o equivalente ao Ministério das Relações Exteriores. Tal seção tem dois subsecretários que respondem ao Secretário: um supervisiona o trabalho do corpo diplomático da Igreja, enquanto o outro coordena as relações com organizações multilaterais. Francesca Di Giovanni é a primeira mulher a desempenhar o segundo cargo mencionado.

12 O Papa Francisco assinou a encíclica *Fratelli Tutti* em 3 out. 2020.

13 O termo "consciência isolada" aparece na primeira frase do nº 2 de *Evangelii Gaudium* [A alegria do Evangelho], seu primeiro grande documento como Papa.

14 "Coisa adquirida" aparece nos *Exercícios Espirituais* (nº 150) de Santo Inácio de Loyola. O exercício conhecido como "os três binários" ajuda a ver os mecanismos inconscientes de autojustificação que impedem a liberdade espiritual. Santo Inácio imagina três pessoas "que adquiriram dez mil ducados, não pura ou devidamente por amor de Deus, e querem todos salvar-se e achar em paz Deus Nosso Senhor, tirando de si o peso e o impedimento que têm, para isso, na afeição à coisa adquirida".

15 São Doroteu de Gaza, "Sobre la acusación de sí mismo", nº 100, em *Reflexiones espirituales sobre la vida apostólica*, de Jorge Mario Bergoglio (Mensajero, 2013), p. 137.

16 Visita ao Congresso dos Estados Unidos da América: "Discurso do Santo Padre", Washington DC, Estados Unidos, 24 set. 2015.

17 O sacerdote alemão, escritor e acadêmico Romano Guardini (1885-1968) foi um dos pensadores católicos mais influentes do século XX. A tese inacabada do Papa Francisco tinha como foco uma das primeiras obras de antropologia filosófica de Guardini (1925), que nunca foi traduzida para o inglês ou o português. *Der Gegensatz: Versuche zu einer Philosophie des Lebendig-Konkreten* foi publicada em espanhol como *El Contraste: Ensayo de una filosofía de lo viviente-concreto*, traduzido por Alfonso López Quintas (Biblioteca de Autores Cristianos, 1996). A tese não apresentada de Jorge Mario Bergoglio intitulava-se "Oposição polar como estrutura de pensamento cotidiano e de proclamação cristã". Ele revelou isso a Massimo Borghesi, cujo livro *Jorge Mario Bergoglio — Uma biografia intelectual* (Editora Vozes, 2018) descreve com detalhe a tese.

18 Quando o Sínodo dos Bispos se reunir de novo em Roma, em outubro de 2022, será sobre o tema "Por uma Igreja Sinodal: Comunhão, Participação e Missão".
19 Na "Constituição dogmática sobre a Igreja", de 1964, conhecida como *Lumen Gentium* [A luz dos povos] nº 12, o Concílio Vaticano II decretou: "A totalidade dos fiéis que receberam a unção do Santo não pode enganar-se na fé; e esta sua propriedade peculiar manifesta-se por meio do sentir sobrenatural da fé do povo todo, quando este, 'desde os Bispos até o último dos leigos fiéis', manifesta consenso universal em matéria de fé e costumes. Com este sentido da fé, que se desperta e sustenta pela ação do Espírito de verdade, o Povo de Deus, sob a direção do sagrado magistério que fielmente acata, já não recebe simples palavra de homens, mas a verdadeira palavra de Deus."
20 Esta máxima, em uso durante muitos séculos, de diversas formas, aparece na tentativa de codificar a lei da Igreja, sob Bonifácio VIII (1294-1303), como *Quod omnes tangit debet ab omnibus approbari*.
21 O capítulo VIII, intitulado "Acompanhar, Discernir e Integrar a Fragilidade", apresenta uma abordagem sobre como a Igreja deve cuidar dos divorciados e recasados, integrando-os na vida da paróquia e ajudando-os a ver como Deus os chama. Para uma descrição detalhada dos Sínodos da Família, incluindo sua resolução de última hora e o documento pós-sinodal do Papa Francisco, "Amoris Laetitia", consultar os capítulos 9 e 10 de *Wounded Shepherd: Pope Francis and His Struggle to Convert the Catholic Church*, de Austen Ivereigh.
22 Na Igreja católica, o diácono é um membro ordenado do clero, mas não é sacerdote. Os diáconos podem celebrar o sacramento do matrimônio, presidir a um serviço fúnebre e celebrar batismos, mas não podem ouvir confissões nem celebrar a Eucaristia. O diaconato é ou um passo para o sacerdócio ("diáconos transitórios") ou, como aqui, "permanente". Em geral, um "diácono permanente" é casado, tem família e, diferentemente do padre, que é transferido pelo bispo, ficará ligado a uma comunidade particular, onde se encarregará ativamente do cuidado aos pobres e de visitar os doentes. O Papa Francisco destaca, aqui, este foco local do diaconato permanente como um dom para a Amazônia que, em sua visão, tem de ser devidamente abraçado pela Igreja nessa região.
23 Poema 63 de *Gitanjali* (Macmillan, 1918).
24 *Os irmãos Karamázov*, de Fiódor Dostoiévski.
25 O destino universal dos bens é o princípio da Doutrina Social da Igreja de que Deus destina os bens da terra a todos, sem distinção. Esse princípio não contradiz o direito à propriedade privada, mas o relativiza. A propriedade leva consigo obrigações para com o bem comum.
26 "Encontro com os sacerdotes, religiosos/as consagrados/as e seminaristas", discurso de Francisco na Catedral de Santiago, no Chile (16 jan. 2018).
27 Visita ao Congresso dos Estados Unidos da América: "Discurso do Santo Padre", Washington DC, Estados Unidos, 24 set. 2015.
28 Segundo números da Organização Mundial da Saúde.
29 Em latim: *Terra, Domus, Labor*. Ver *La irrupción de los movimientos populares: "Rerum Novarum" de nuestro tiempo*, editado por Guzmán Carriquiry Lecour e Gianni La Bella, com prefácio do Papa Francisco (Libreria Editrice Vaticana, 2019).
30 "Carta a los Movimientos Populares", 12 abr. 2020. "A un ejército invisible", em *La vida después de la pandemia*, de Papa Francisco, pp. 37-41 (Libreria Editrice Vaticana, 2020).
31 *Verborgenes Leben und Epiphanie*: GW XI, 145.
32 "Esperanza", de Alexis Valdés (2020).

Sobre os autores

Jorge Mario Bergoglio nasceu em Buenos Aires, Argentina, em 17 de dezembro de 1936. Filho de imigrantes italianos, foi ordenado sacerdote na Companhia de Jesus, a Ordem dos Jesuítas, em 1969, nomeado provincial em 1973 e reitor do Colégio Máximo, em Buenos Aires, em 1980. Foi ordenado bispo em 1992, nomeado Arcebispo de Buenos Aires em 1998 e cardeal em 2001. Em 13 de março de 2013, foi eleito Bispo de Roma, o 266º Papa da Igreja Católica.

Dr. Austen Ivereigh é escritor e jornalista britânico e autor de duas biografias do Papa Francisco — *The Great Reformer*, de 2015, e *Wounded Shepherd*, de 2019. É membro da Campion Hall, da Universidade de Oxford.